朱明晓◎著

中国经济出版社
CHINA ECONOMIC PUBLISHING HOUSE
北京

图书在版编目（CIP）数据

左手德鲁克，右手稻盛和夫 / 朱明晓著. -- 北京：中国经济出版社，2022.7

ISBN 978-7-5136-6994-8

Ⅰ. ①左… Ⅱ. ①朱… Ⅲ. ①企业管理 Ⅳ. ① F272

中国版本图书馆 CIP 数据核字（2022）第 121015 号

责任编辑　贾铁杰
责任印制　马小宾

出版发行　中国经济出版社
印 刷 者　北京力信诚印刷有限公司
经 销 者　各地新华书店
开　　本　880mm × 1230mm　1/32
印　　张　9.5
字　　数　228 千字
版　　次　2022 年 7 月第 1 版
印　　次　2022 年 7 月第 1 次
定　　价　68.00 元
广告经营许可证　京西工商广字第 8179 号

中国经济出版社　**网址** www. economyph. com　**社址** 北京市东城区安定门外大街 58 号　**邮编** 100011
本版图书如存在印装质量问题，请与本社销售中心联系调换（联系电话：010-57512564）

序言

是非审之于己，毁誉听之于人，得失安之于数，陟岳麓峰头，朗月清风，太极悠然可会；

君亲恩何以酬，民物命何以立，圣贤道何以传，登赫曦台上，衡云湘水，斯文定有攸归。

岳麓书院的这副楹联，振聋发聩，击穿古今，一语道破人间际会、天地因缘。此等情怀也令我与本书结下不解之缘。

作为一位土生土长的民族企业家，我白手起家，创建了秀强公司——一个两千元起家的小门店，二十年后成长为当地第一家上市的民营企业、中国最大的家电玻璃制造商，被评定为“国家级高新技术企业”“江苏省百强民营科技企业”。产品在国际市场的占有率为38%，在国内市场的占有率为58%。企业员工生活幸福、家庭美满，企业所倡导的孝善文化对员工、对家庭、对社会所产生的深远影响足以让我引以为豪。

朋友兴奋地推荐《左手德鲁克，右手稻盛和夫》这个书名，激发了我极大的兴趣。近几年，很多学者都在讨论管理和经营的区别，非要论出个高低来。我本人也经常翻阅资料，感觉两者并无本质区别，不能说谁包含谁，谁高于谁。有人说，管理是假定人性是恶的，通过管理来减少甚至清除人的恶；经营是假定人性是善的，通过经营来激发人的善。所谓管理是逆人性，经营是顺人心。真的是这样吗?

彼得·德鲁克说：管理的本质就是激发和释放人的善意！所以不必花精力研究管理和经营的区别。姑且认为管理和经营领域有两座高峰存在——彼得·德鲁克代表管理学的高峰，稻盛和夫代表经营学的高峰。这两座高峰既相对独立，又仿佛在相互呼应致敬。

作为企业创始人，又整日浸润在企业的生死沉浮之中，我自然有自己的考量。所以当我看到楹联提到的“是非”和“得失”，也就是日本工业之父涩泽荣一所倡导的一手《论语》一手“算盘”的理论，看到《左手德鲁克，右手稻盛和夫》时，不禁击案而起，总算是有人从理论的高度阐释这两手的融合产生的巨大能量！

遥看秀强，起步之初没有理论，在摸索中前行，经过无数次的痛苦洗礼方才寻求到产业立世之根、成就百年企业之道，就是“弘扬与践行中华优秀传统文化”，发扬“厚德载物，自强不息”的精神，秉承“一生不为钱活，一生不为自己活”的价值理念，以“优秀文化育人，科学管理做事”为主旨，将中华优秀传统文化与西方科学管理完美融合，构建“孝善幸福家”文化体系，成就“世界玻璃科技看中国，中国玻璃科技看秀强”的宏伟愿景。秀强之路不正是“左手德鲁克，右手稻盛和夫”，一手“算盘”管理绩效、一手《论语》经营创新，一手抓做事、一手育人才，力行实践、敬天爱人，谙合天道的真实写照吗？！

所以，欣然接受邀约，不仅为本书写下自己的感悟，还提供秀强这些年来摸爬滚打的真实案例、经验体悟，作为本书的理论印证，毫无保留地呈献给大家。

世之佳作，当然必以实战经验为底，以深厚的理论研判为据，以代价教训为诫，辅以精辟中肯的条例性质的绝句。本书作者朱明晓老师，既有学院派的书卷气，又有实战派的烟火气，系统扎实的理论功底，专业细致的辅导，成功案例甚多，在业内口碑甚佳。既然是实战咨询，必有作者多年实战经验的沉淀。这本引起经济学大咖关注并力推的理论工具书，无论是理论研判还是策略技巧，都在一定程度上能给予您些许启发和灵感。

卢秀强

（卢秀强，江苏秀强玻璃工艺股份有限公司创始人，江苏省十一届人大代表，全国五一劳动奖章获得者。曾荣获“全国劳动模范”“中国好人”“中国公益人物”等称号。倡导学习中华优秀传统文化，推动幸福企业建设，投资兴建全国最大孝善主题博物馆，对员工、家庭、社会产生了深远影响。）

前言

在管理学界，绕不开两位大师，一个是德鲁克，另一个是稻盛和夫。

德鲁克提出了多个具有划时代意义的概念，开创了管理学这一门学科，从而奠定了管理大师的地位。德鲁克是西方的管理学者，他的理论浸润了西方职业化的精髓，在预测商业和经济的变化趋势方面显示出惊人的天赋。当今世界，很难找到一个比德鲁克更能引领时代的思考者。

稻盛和夫，来自东方的经营哲学大师，其所创立的两大事业——京瓷公司和 KDDI 皆以惊人的力道成长，至今仍傲视群雄。稻盛和夫创建的阿米巴经营模式在中国落地生根，展现出顽强的适应性和生命力。

稻盛和夫的经营哲学同样带来满满的正能量。在拜金主义肆虐的当代社会，很多创业者显得有些浮躁，甚至对灵魂的沦丧日趋麻木。稻盛和夫的敬天爱人、慎言笃行，筑起了一座精神山脉，给正在艰难攀登的企业家带来激励和鼓舞。

当下的时代是一个快速发展的时代，也是一个“个体崛起”的互联网时代。组织变革、跨界创业，个体能力越来越强，新经济的单位不是企业而是个体。无论你承认与否，个人的主观能动性越发重要了。

时代呼唤真正的大师。在工业时代，德鲁克讲述拥有不同技能和知识的人在一个大型组织里怎样分工合作，提出管理者的工作必须卓有成效。甚至微软公司创始人比尔·盖茨、通用电气公司前首席执行官（CEO）杰克·韦尔奇这样的商业传奇人物在管理思想和管理实践方面都受到了德鲁克的启发和影响。

历史一路走来，个体崛起、组织沉沦的时代特征越发明显。过去讲人力资源管理是定岗定编、以严苛的绩效考核来管理企业，现在更注重以人性为核心的人力资源管理，即人心的经营。从这个角度来讲，稻盛和夫在互联网时代恰逢其时。稻盛和夫始终强调的是经营人心，强调领导者要敬天爱人。他认为人生就是提升心智的过程。有了这样的超脱和追求，他便拥有了俯瞰人生的视野。他研究透了人与人的关系，从而在经营上取得了巨大的成就，成为当代令人瞩目和尊崇的“经营之圣”。

德鲁克对管理实践过程中的“事”研究得非常透彻，这就是德鲁克的西方视角。稻盛和夫对企业的研究是从人心开始，他提倡首先提高心性，再拓展经营，建立企业的经营哲学，从哲学开始向企业渗透，向高管和员工渗透，只有达到哲学共有才能到具体的阿米巴经营模式。这个脉络符合东方文化的特点，这就是稻盛和夫的东方视角。

德鲁克与稻盛和夫，当大师的观点直接碰撞时，如何进行比较和接纳?

如果为了成就更大的事业，为了构建幸福型企业，为了应对移动互联网时代的新型员工关系，应当选择研读稻盛和夫及其经营哲学。如果你想成为卓有成效的管理者，希望在组织中做出不平凡的事，则必须师从德鲁克。德鲁克可以帮助你解决管理、企业组织、客户的问题。德鲁克的管理理论更偏向于从管理者的角度去做管理，而稻盛和夫的经营哲学更偏向于从领导的角色去做经营。这两个理论体系并不矛盾，相反，这两种思想是互补的，都能有效地填补思想库存。

推开德鲁克思想之窗，再打开稻盛和夫哲学之门。德鲁克从顾客开始，进而思考企业的管理行为。稻盛和夫从员工开始，进而思考经营的哲学。管理需要德鲁克，但经营则要学习稻盛和夫。德鲁克和稻盛和夫都影响了中国企业家，都对中国企业管理和经营做出了贡献。在中国企业经理人的心目中，他们是大师中的大师。

目录

03 第三章 组织的进化：组织结构变革与赋能

04 第四章 分权与授权：让管理回归简单

05 第五章 激活核心人才：培养经营者的分身

06 第六章 自律和精进：管理者核心能力的修炼

07 第七章 目标管理：自我控制意味着更强的激励

08 第八章

用成效来管理：有效的决策

09 第九章

是谁创造利润：参透利润的本质

10 第十章

形成真正的创新力：创新的管理与价值

01

第一章

经营管理大师们：有趣的灵魂与故事

我不是经营的圣人，我是个普通人。我只是努力从中国的圣人、贤人那里学习他们的思想，作为我人生中的行动指针，然后进行实践。如果说我是“经营之圣”的话，那么学习这些哲学思想的人，人人都可能成为“经营之圣”。

——稻盛和夫

第一节
中国古代经营人才谋略

中国古代谋略文化源远流长，商业文化博大精深。中国古代先贤擅长从日常工作中体悟人生智慧，总结经世致用的道理，把握天时、地利、人和的丰富内涵。遵从“知行合一”的人生哲学，既重视愿景与理想，又注重当下文明的行为。

中国古代谋略思想备受重视，这些谋略思想形成了各个不同学派和理论体系，如帝王权谋、士人智谋、兵家韬略、商贾经营之道等。中国古代经营人才谋略即是一个重要的流派。

中国古代经营人才谋略，从哲学层面上揭示了企业管理、经营谋略的一般规律，具有很强的适用性和生命力。特别是《孙子兵法》中的谋略思想，例如企业利用阴阳对立统一的辩证哲学原理参与市场竞争，利用博弈中的“练形、顺势和设局”进行有效的决策，以“不战而屈人之兵”的思想达成以最小化成本而得到最大化收益的竞争战略目的等，这些谋略思想为企业领导人的经营决策提供了有益的启示。现代企业经营者将其应用到企业进化与现代商战中，尤其在用人谋略、经营谋略、谈判谋略等方面获益匪浅。

中国古代经营人才谋略比较发达，各阶层都很重视谋略文化。历史上著名的谋略家，如白圭、姜子牙、范蠡、孙武、东方朔、商鞅、诸葛亮、刘伯温、曾国藩等人，不仅是军事家，也是商业奇才。他们形成自成体系的商业经营思想，强调经营人才要有丰富的知识，同时具备“智、勇、仁”等素质，要求既要有姜子牙的谋略，又要有孙子用兵的韬略，更要有商鞅那一套严厉的团队管理制度。

古代经营思想方面也极具影响力。如白圭，《汉书》中说他是经营贸易发展生产的理论鼻祖，他说“人弃我取，人取我与”，强调经商总会从大处着眼，通观全局，予人实惠。春秋末期的商业理论家范蠡认为“时贱而买，虽贵已贱；时贵而卖，虽贱已贵”，强调商人要善于捕捉商机，把握时机，不失时机地买进卖出。商业的利润源于买卖的差价。司马迁在《史记·货殖列传》中说：“治生之正道也，而富者必用奇胜。”经商之人掌握一技之长，经营奇物而致富。这些经营思想和谋略，对今天的企业经营者仍然具有重要的指导意义，值得经营者用心地揣摩研究。

第二节
阳明心学的力量

心学作为儒学的一门学派，不同于其他儒学之处，在于其强调生命的过程，中国的圣人学问开始“哲学化”，如王守仁的“阳明心学”。阳明心学，是由明代大儒王守仁发展的儒家理学。阳明心学是一个博大精深的思想体系，400 年来影响深远，有着强烈的现实意义。

阳明心学对企业经营管理有着极大的正能量。日本稻盛和夫即是受阳明心学影响颇深的企业家。运用阳明心学的管理能够实现真正的“自动自发”，强化企业的凝聚力和执行力，进而为有悟性的管理者开启成功的大门。

阳明心学体系包括三大组成部分，即“心即理”“知行合一”“致良知”。这三大要旨对后世人们的思想、行为产生了巨大影响。

一、“心即理”之根本

“心即理”是阳明心学的根本观点。何谓“心即理”？王阳明认为：“心之体，性也。性即理也。天下宁有心外之性，宁有性外之理乎？宁有理外之心乎？”这个“性”就是天性、天理，是天赋予人的善性。“心明便是天理”。“心”不仅是万事万物的最高主宰，而且是最普遍的伦理道德原则。王阳明的“心即理”打通了作为道德主体的人、形而上的天理以及形而下的万事万物之间的关系，将三者统合在本心之中。

管理的本质在于经营和管理人心。企业管理者如何经营人心，洞悉人性？如何把心学运用到企业管理当中？如何识人、用人？如何培养、使用团队？企业有三大核心：员工、客户和产品，但回归到管理的核心还是人。对人的管理，就是对人心的管理，对人心的管理莫过于阳明心学。

把阳明心学成功地运用到商业中，并成就一番伟业的就属日本的“经营之圣”——稻盛和夫，他认为，经营首先是由人来经营的，因此经营者的人性至关重要。人心是企业发展的原动力，这个动力是充足的，那么企业就会蓬勃发展。

稻盛哲学的核心思想就是“敬天爱人”。所谓“敬天”，就是按照事物的本性做事。这里的“天”是指客观规律，也就是事物的本性。坚持以将正确的事情用正确的方式贯彻到底为准则，按照这些本性要求去做事，则无往而不胜。所谓“爱人”，就是按照人的本性做人。这里的“爱人”就是“利他”，“利他”是做人的基本出发点，利他者自利。只要为客户创造了价值，企业就可以从中分享价值。敬天爱人包含有敬畏之心、感恩之心、利他之心！

稻盛和夫为企业提出的奋斗目标是“在追求全体员工物质和精神两方面幸福的同时，为人类和社会的进步与发展做出贡献”。稻盛和夫创立公司的理想，不是单纯追求经营者个人的利益，而是追求全体员工及其家属的共同利益。这样的目标自然可以赢得广大员工的认同，并形成强大的企业凝聚力。稻盛和夫的这些管理理念正是王阳明“人心即天理”的思想在企业管理中的具体体现。

二、“知行合一”之认识论

王阳明言：“外心以求理，此知行所以二也。求理于吾心，此圣门‘知行合一’之教。”由此可见，“知行合一”是建立在“心即理”的基础之上的。

从《传习录》来看，王阳明在论及知行关系时，反复强调“知之真切笃实处即是行，行之明觉精察处即是知”。知与行互相联系、互相包含、本来一体；知行分离，也就背离了知行的本来意义、违背了知行本体。

王阳明认为，知行之所以能够合一，在于人自身就有“心即理”之心。“心即理”即为立法原则，赋予了事物以道德秩序与准则，知行统合于人的本心。因此，王阳明说：“知是行之始，行是知之成。若会得时，只说一个知，已自有行在；只说一个行，已自有知在。”

王阳明从道德出发来讨论“知行合一”。“行之明觉精察处，便是知；知之真切笃实处，便是行。若行而不能精察明觉，便是冥行，便是‘学而不思则罔’，所以必须说个知；知而不能真切笃实，便是妄想，便是‘思而不学则殆’，所以必须说个行，元来只是一个工夫。”王阳明强调，知中有行，行中有知，二者互为条件，互相包容，相与一体，彼此完整无间。

在企业经营管理实践中，稻盛和夫从应用哲学的角度出发对阳明心学进行哲学解读，例如“将强烈而积极的愿望深入到潜意识中”，“人生和事业的成功等于正确的思维方式乘以热情，再乘以能力”。他还不断告诫他的每一位员工，在工作中要“付出不亚于任何人的努力”“不断创造出新价值”“追求销售额的最大化和经费支出的最小化”等。由此可见，稻盛和夫无论从个人行为层面还是组织行为层面，都从“心即理”“致良知”的角度提出了践行要求。这些要求也正是王阳明“知行合一”思想的生动体现。

三、“致良知”之修养论

王阳明言：“吾平生讲学，只是‘致良知’三字。”因此，“致良知”是王阳明一生思想的总结，实现了心与理、知与行、道德修养与社会实践的融合。在兼具“心即理”和“知行合一”的基础上，王阳明将良知视作天地之心、宇宙之心。正因为良知如此重要，所以王阳明认为：“‘致良知’是学问大头脑，是圣人教人第一义。”

一方面，王阳明把“良知”视为人心之本体。良知是主宰，是行为的准则，是真实的、感性的东西，是生命的意义所在。他认为人人皆可修炼成圣贤，这其中不仅宣扬了理想主义的思想，而且蕴含着人人平等的思想观念。

另一方面，人固有的“良知”常被人们的种种私欲所遮蔽。所以，要培养修为之功，克服私欲之弊，充分发挥本能的良知作用，并将良知贯彻到企业经营管理的实践中。王阳明提出“致良知”的本质就是存善去恶，使心灵变得更加纯净，内心变得更加强大。

王阳明“致良知”的思想，既简易直接又内涵丰富，将阳明心学的整体哲学思想完满地表述出来，标志着阳明心学建构的最终完成。

在企业经营与管理中，管理者尤其要注重修行良知。稻盛和夫认为，企业从表象上看，是一个追求利润的经营实体，本质上却是一个修行的道场。管理者和被管理者都要修行良知，人人修炼到位，人人皆是圣贤。无论是企业高管还是基层员工，都要通过“致良知”来不断提高自身的修养与品行。

心性的修炼和境界的提升，是企业核心层提高管理能力的必修课。企业经营者潜力的开发，实际上也是心性潜力的深掘和超越精神的比拼。要实现企业的远大理想目标，经营者就要做到“心即理，知行合一，致良知”，进行强大自我内心的修炼。

第三节
王阳明与日本的崛起

梁启超说：“阳明是一位豪杰之士，他的学术像打药针一样，令人兴奋，所以能做五百年道学总结，吐很大光芒。”王阳明形成的阳明心学，奠定了他作为世界一流原创性思想家的地位。阳明心学在明代中后期的中国大放光彩，其影响远达日本等国。

一、王阳明如何影响日本五百年

阳明心学早在王阳明在世时就传到日本，并在政治、教育、道德等方面起着潜移默化的作用。

16—17 世纪，日本高僧了庵桂悟到浙江拜访王阳明，并将心学著作带回日本，日本始知有阳明心学。其后的学者中江藤树继续研究和传播阳明心学，被称为日本阳明心学的“元祖”。

阳明心学深刻影响了“明治维新”，正如梁启超所言的“日本维新之治，心学之为用也”。19 世纪末 20 世纪初，日本“明治维新”的很多重要人物都研究过阳明心学，他们注重阳明心学中强调人的精神力量和意志、“知行合一”的说法，要求以实际行动变革社会。他们一方面学习西方先进知识，另一方面将阳明心学作为思想动力，进行“明治维新”运动。他们推翻了五百年的日本封建幕府统治，完成了向资本主义的过渡！

二、王阳明如何影响日本企业的崛起

阳明心学在近代的日本风靡，造就了很多企业经营的神话。第二次世界大战后，战败的日本只用了30年便再次经济崛起，诞生很多世界知名企业。究其原因，就是日本无所不在的匠人精神。而匠人精神之核心，就是阳明心学。

日本最崇拜王阳明的人，是被称为“经营之圣”的稻盛和夫。稻盛和夫27岁创办京瓷公司，52岁创办日本第二电信（KDDI），这两家公司都在他的有生之年进入世界500强，成长速度惊人。稻盛和夫在78岁高龄仍然果断出任日本航空公司董事长，仅仅用了一年时间，就使这家濒临倒闭的企业起死回生，做到了三个第一：利润率世界第一，准点率世界第一，服务水平世界第一。稻盛和夫拯救日本航空公司的办法，就是王阳明的心学之法。

王阳明和稻盛和夫在哲学上的共同点：一个叫“致良知”，一个叫“作为人，何谓正确”。在稻盛和夫的经营哲学中，到处是王阳明“致良知”的影子。稻盛和夫说，要判断某件事是不是有道理，不能只看其是不是符合逻辑，还应当看它是不是符合人类的道德标准，要思考其与人类价值的相关程度。

稻盛和夫提倡的价值观就是“敬天爱人”，他还不断告诫他的每一位员工，在工作中要“付出不亚于任何人的努力”，鼓励员工在工作实践中通过“致良知”来不断提高自身的修养与品行。在公司内部，挣钱最多的员工一定是品行优秀、表里如一、敢于担当的员工。

出于对良知的领悟，稻盛和夫曾提出这样一个经营哲学观点：“作为人，何谓正确？”他认为京瓷公司之所以成功，是因为京瓷公司经营判断的基准是“作为人，何谓正确”。因为它具有普遍性，所以可以与全体员工共有。

稻盛和夫的高明之处就在于，对待中国传统文化所蕴含的哲学思想、道德标准及精神追求，从来不是生搬硬套，而是在学原典、明精髓的基础上，善于做到创造性转化，提炼出自己的管理思想，用于指导企业的创新性发展。

由此可见，日本人采用了王阳明“知行合一”这个原则，融合了东、西方文化，开创了一个新的时代。日本企业家融合阳明心学，使战败的日本能够迅速从废墟中崛起，成为一个经济发达的国家。

第四节
管理大师中的大师——德鲁克

彼得·德鲁克的著作影响了数代追求创新以及最佳管理实践的学者和企业家。他本人被尊称为“管理大师中的大师”，不仅因为他是现代管理学的奠基人、目标管理的创建者，还因为他在营销、创新变革、战略规划、知识管理、21 世纪管理者的挑战等方面的真知灼见，也让诸多管理学者和企业家从中受益。他的著作不乏远见卓识和超前思维，集丰富的知识、广泛的实践经验、深邃的洞察力、精辟的分析于一体，对管理学专业影响深远。

德鲁克在谈到自己的职业时说：“写作是我的职业，咨询是我的实验室。”他的研究涵盖了管理学、政治学和社会学的诸多领域，这使得他的作品具有广阔的视野和持久的穿透力。德鲁克的管理思想概要如表 1–1 所示。

表 1–1　德鲁克管理思想概要

一个定义	管理是界定企业的使命，并激励和组织人力资源去实现这个使命
三个任务	实现组织的特定目的和使命
	使工作富有成效，员工具有成就感
	处理对社会的影响与承担社会责任
五项工作	设定目标
	组织
	激励与沟通
	衡量
	培养人才
八大目标	市场营销
	创新
	人力资源
	财务资源
	实物资源
	生产力
	社会责任
	利润

一、德鲁克独一无二的贡献

德鲁克出版超过 30 本书籍，被翻译成 30 多种文字，传播到 130 多个国家。他的诸多著作成为现代管理学上永恒的经典。

"组织"概念。1942 年，德鲁克受聘为通用汽车公司的顾问，对公司的内部管理结构进行研究。他将心得写成《公司的概念》，该书的重要贡献还在于，德鲁克首次提出"组织"的概念，并且奠定了组织学的基础。

目标管理。1954 年，出版《管理的实践》，提出了一个具有划时代意义的概念——目标管理。从此开创了管理学，并奠定管理大师的地位。

管理者的工作必须卓有成效。1966 年，出版《卓有成效的管理者》，告知读者：不是只有管理别人的人才称得上是管理者，在知识社会中，知识工作者即为管理者，管理者的工作必须卓有成效。

是管理学而非经济学。1973 年，出版《管理：任务、责任、实践》，这是一本给企业经营者的系统化管理手册，为学习管理学的学生提供的系统化教科书，告诉管理者付诸实践的是管理学而不是经济学，不是计量方法，也不是行为科学。该书被誉为"管理学"的"圣经"。

管理者角色内涵的变化。1982 年，出版《巨变时代的管理》，探讨了有关管理者的一系列问题，包括管理者角色内涵的变化、他们的任务和使命、面临的问题和机遇，以及他们的发展趋势。

创新的经济。1985 年，出版《创新与企业家精神》，该著作被誉为继《管理的实践》后德鲁克最重要的著作之一，全书强调目前的经济已由"管理的经济"转变为"创新的经济"。

重新定义"新经济"的挑战。1999 年，出版《21 世纪的管理挑战》，德鲁克将"新经济"的挑战清楚地定义为：提高知识工作的生产力。

二、引领时代的思考者

德鲁克是一位引领时代的思考者。他作为当代最具启发性的思想家，具有敏锐的洞察力，能够洞悉不同力量之间的内在联系。例如，1950 年年初，他指出计算机终将彻底改变商业；1961 年，他提醒美国应关注日本工业的崛起；20 年后，又是他首先警告日本可能陷入经济滞胀；1990 年，他率先对“知识经济”进行了阐释。

德鲁克在预测商业和经济的变化趋势方面显示出了惊人的天赋。他以强大的敏感觉察能力，分析时代变迁向社会提出的新要求，并向社会、向企业界阐述他的观点，向一线的企业经营者发出预警，提醒他们由于外部环境的变化，企业在竞争中可能遭遇的各种危机。其成就即包括《断裂的时代》《经济人的末日》《企业人的未来》《非营利机构的经营之道》《后资本主义时代的经理》等。这些著作为他赢得了“资本主义的预言家”的称号。

三、以人为本的管理学大师

德鲁克的“以人为本”管理哲学的核心就是现代社会中人的自由、尊严和地位。他非常注重人在管理过程中的作用，重视人自身价值的实现，因而“以人为本”这条主线始终贯穿于德鲁克的管理思想当中。

德鲁克“以人为本”的管理哲学源于两个方面。一方面是对美好社会的追求。德鲁克毕生的追求，是构建一个美好社会，使每个人都能得到尊严和地位的社会。正因为他有这样的境界、视野和追求，所以他的管理理论有着持久而强烈的穿透力，影响了世界上很多杰出企业家。这些企业家得以创造出健康的社会细胞——美好组织。例如，惠普公司的两位创始人——威廉·休利特和戴维·帕卡德就深受德鲁克的影响，他们在管理中为员工提供了尽可能周全的福利计划，并给予员工充分的信任与尊重，这种管理之道是惠普成功的秘诀之一。

另一方面，德鲁克的管理哲学体现为对人的尊严和发展的关注。德鲁克认为，在一个多元的组织中，使各种组织机构负责任地、独立自主地、高绩效地运作，是自由和尊严的唯一保障。德鲁克的真知灼见对我们“成就美好企业”，让员工“因组织得自由”有着深刻的提醒和指引。

第五节
回归人本——稻盛哲学

稻盛和夫的哲学理念涵盖了生活态度、思想、伦理观等。他结合自己的切身经历所获得的工作经验，与读者探讨工作的真正意义以及如何在工作中取得成绩，为身在职场的年轻人点燃了指路明灯，同时，这些思想对企业管理者也具有借鉴意义。

稻盛和夫这位当今最具影响力的管理大师，在其充满想象力与使命感的一生中，开创了一套独特的经营哲学体系。更有趣的是，稻盛和夫的独特思想与中国传统哲学具有内在联系，与阳明心学尤为接近。

王阳明的心学深刻影响了稻盛和夫。王阳明和稻盛和夫的出生相隔 500 年，但两位大师之间有着惊人的相似，他们都是历经重重磨难之后，悟出人生哲理，取得了巨大的成就。他们都在用最朴实的语言讲述着最通俗的故事：一个叫心学，一个叫心法。阳明心学与稻盛哲学，二者有着异曲同工之妙。稻盛和夫的经营哲学体系如图 1–1 所示。

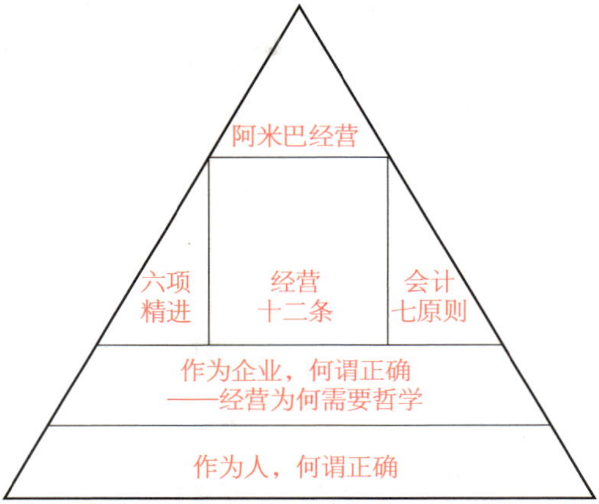

图 1–1　稻盛和夫经营哲学体系

一、稻盛哲学的思维方式

经商的本质在于与人打交道，经营之本唯有人心。稻盛和夫的经营哲学主要从正面回答了“作为人，何谓正确？”“人为什么而活着？”的根本性问题。稻盛哲学体现了稻盛和夫对人生乃至对人类历史和人类社会本质的深刻洞察。

稻盛哲学是如何诞生的？稻盛和夫在经营京瓷公司的过程中，虽然曾遇到过各种各样的困难，但他将阳明心学运用到企业管理实践中，最终渡过了经营难关。他在不断地对工作以及人生进行自问自答的过程中，形成了自己的经营哲学。

稻盛哲学是通过研读阳明心学等经典以及经营实践得出的人生

哲学，其根本在于“人应该怎么活着”。稻盛和夫认为，如果以正确的生活方式去度过人生，那么，每个人的人生都会变得幸福，公司也会得到发展，他一直这样解释和阐述京瓷哲学。

二、稻盛哲学到底有什么魅力

稻盛哲学的核心思想——敬天爱人。“敬天”就是按照天理良知做事。判断事情的出发点不是利害得失，而是是非善恶。“爱人”是指企业存在的目的：在追求全体员工物质和精神两方面幸福的同时，为人类和社会的进步与发展做出贡献。稻盛和夫的经营哲学回归人本，具有普遍适用性。

稻盛哲学的核心可用下述方程式表达：

人生・工作的结果＝思维方式 × 努力 × 能力

方程式中的“思维方式”是指人的价值观或者人的思想品格。因为它有正负之分，所以它决定了方程式中其他两个要素即“能力”和“努力”发挥作用的方向，决定了方程式的结果，所以它是方程式的灵魂。

人生・工作的结果方程式又叫成功方程式。它不仅适用于每个人，而且适用于每个组织乃至每个国家。

稻盛和夫论述了作为人应该有的正确的“思维方式”。这是稻盛和夫一生亲身实践的心血的结晶。

中国企业家需要稻盛哲学。我们既要学习德鲁克的西方管理模式，又要学习发端于中国、代表东方文化的“性善说”“致良知”等。稻盛哲学中的“利他”等法则，是在物欲横流的商业社会，构筑新商业文明的基本原则。

案例

京瓷哲学实践指南

稻盛和夫的经营哲学，也称京瓷哲学，是稻盛和夫在创建京都陶瓷株式会社的过程中，对工作、对人生进行不断的自问自答中总结出来的京瓷哲学。

京瓷公司是以追求全体员工物质与精神两方面幸福，为人类社会的进步与发展做出贡献为其经营目的。以心为本的经营孕育出的京瓷哲学和阿米巴经营的实践，使京瓷公司得以飞速发展，并跨入世界500强企业的行列。那么，我们如何领会京瓷哲学，并付诸实践呢？

一、以心为本开展经营

稻盛和夫初创京瓷公司时，京瓷公司是一个既没有资金，也没有信誉和业绩的小工厂。要想在激烈的竞争中生存，每个人都要付出不亚于任何人的努力。经营者不负众望，拼命工作；员工们相互信任，不图私利私欲。稻盛和夫希望把京瓷公司做大做强，让员工们以在京瓷公司工作为荣，这就是京瓷的经营之道。以这些坚实而又紧密相连的心性为基础，才有了京瓷今天的发展。

二、光明正大地追求利润

京瓷公司自始至终坚持光明正大地开创事业，追求正当利润，多为社会做贡献的经营之道。企业是一个以追求利润为目的的社会组织。如果没有利润可得，就无法期望一个企业组织能继续存在和日益扩展。

三、依照原理，遵循原则

公司的经营之道需要合乎情理，遵循道德。京瓷公司自创建以来，所有的事业一直都是在遵循原理原则的前提下做出相应决断。依法合规经营是任何企业必须恪守的行为底线，如果不把法律遵从视为原则和红线，企业的行为就没有底线，轻则被处罚禁业，重则企业倾覆、企业负责人锒铛入狱。

四、贯彻顾客至上主义

稻盛和夫自创业之初，就要求京瓷公司能够独立自主地创造出客户所期望的产品。不断研发高新技术，在产品的交货期、品质、价格、新产品的开发等所有环节，全方位地满足客户的需求。

满足客户的要求是经营之本，这就要求企业要具有强烈的客户意识，强调要成就客户：为客户服务是企业存在的唯一理由，客户需求是企业发展的原动力；坚持以客户为中心，快速响应客户需求，持续为客户创造长期价值进而成就客户。

五、以大家族主义开展经营

京瓷员工携手并进的基本出发点，就是一直珍视那种把别人的快乐视为自己的快乐，能够同甘共苦、有如家族式的信赖关系。

稻盛和夫倡导这种家族式关系的经营方式，使员工能够互存感激之心，相互体谅，从而建立起彼此信赖的伙伴关系，成为开创事业的基础。

六、贯彻实施实力主义

在京瓷公司，员工的升职或者加薪，不论资排辈，而是以其所拥有的真正实力为衡量标准。各部门负责人，都由真正有实力的人来担任，并让他们充分施展才华。

贯彻实施实力主义，必须培养和挖掘公司中真正有实力的人。他们不仅拥有恪尽职守的能力，同时人格高尚，值得尊敬与信赖，愿意为大家的利益发挥自己的才能。

七、重视伙伴关系

京瓷公司自创立以来，一直致力于建立心心相印、相互信赖的伙伴关系，并以此作为事业的基础。

传统的企业组织关系，就是那种以权力和权威而构筑的上下级关系，即金字塔结构。但京瓷公司最基本的同事关系就是横向的伙伴关系，即同事之间、经营者与员工之间并不是纵向的从属关系，而是为了同一个目标，为了实现自己的梦想走到一起的伙伴关系。同事之间作为合作伙伴而结成了相互理解、相互信赖的关系，就能够为公司的发展而齐心协力，共同奋斗。

八、全体员工共同参与经营

阿米巴经营被誉为京瓷经营成功的两大支柱之一。阿米巴经营是指将组织分成小的集团，通过与市场直接联系的独立核算制进行运营，培养具有管理意识的领导，让全体员工参与经营管理，从而实现“全员参与”的经营方式。这是京瓷公司自主创造的独特的经营管理模式。全员参与的精神，能够培养开放式的人际关系、伙伴意识、家族意识等。

九、重视独创性

京瓷公司自创业之时，就重视独创性，从不模仿别人。稻盛和夫带领团队每天反复钻研，一步一步地积累，终于研发出了优秀的产品。

企业重视独创性，就要洞察和把握行业大方向，制定正确的发展战略。大方向的正确，不仅确保了产品研发没有走弯路，并且保障产品走在行业的前列，指引行业的发展方向。

十、玻璃般透明的经营

京瓷公司以信赖关系为基础开展经营，包括会计在内的所有业务全部公开，形成了无懈可击的系统。自己的阿米巴组织的利润是多少，具体内容如何，任何人都可以轻易了解。公司内部如同玻璃般的透明开放，使员工能够全力以赴、专心致志地投入到工作中去。

十一、志存高远

稻盛和夫创立京瓷公司之初，就提出“京瓷放眼全球，向着世界的京瓷前进”。公司虽小，却把目光投向全世界，这就是志存高远。

企业确立了长期愿望及未来状况，组织发展的蓝图，体现组织永恒的追求。远大的愿景目标，能够不断地激励企业奋勇向前。

本章小结

◎ 德鲁克与稻盛和夫的相同点：

两人都遵循“以人为本”的理念，追求美好的人类社会。德鲁克“以人为本”管理哲学的核心，就是现代社会中人的自由、尊严和地位。稻盛和夫的经营哲学主要从正面回答了“作为人，何谓正确？”“人为什么而活着？”的根本性问题，体现了稻盛和夫对人生乃至对人类历史和人类社会本质的深刻洞察。

◎ 德鲁克与稻盛和夫的不同点：

1. 不同的身份定位。德鲁克是一位学者，注重理论与实践研究，他调研过很多知名企业，并将研究成果编撰为管理著作，推动了管理科学的发展。稻盛和夫是一位实业家，在创业的过程中总结出了稻盛哲学和阿米巴经营模式等，把企业使命与社会责任相结合，为企业发展营造良好环境。

2. 不同的文化基础。德鲁克的管理科学是以西方文化为基础的。比如尊重个人，推崇自主创新，在企业管理上讲究务实，具有强烈的求实精神。稻盛和夫的哲学是以东方文化为底蕴。他提出了“敬天爱人”的思维核心，强调人生就是不断地修炼灵魂，要不断地反省。稻盛哲学是直指人心的，他的哲学来源于东方的儒、释、道。

02

第二章

管理的实践：答案永远在现场

2

管理既要眼睛向外，关心它的使命及组织成果；又要眼睛朝内，注视那些能使个人取得成就的结构、价值观及人际关系。

——彼得·德鲁克

第一节
管理是“知行合一”的实践

彼得·德鲁克所著的《管理的实践》一书开启了管理学发展史上的新时代。德鲁克详细论述了管理的本质——最终检验管理的是企业的绩效。唯一能证明这一点的是成就，而不是知识。因此，管理本质上是一种实践。

一、管理成果来自实践

德鲁克认为，管理作为一种实践，要面对的是一个社会、一个人性的世界；管理要应对的是一个“社会群体心理”的组织过程。管理强调的是有效性，需要实践的检验，而不是自我检验。企业只关注实际的成果，关心“结果”胜于“理论”，在乎“实效”胜于“真理”。企业的成就或经济成果，是靠人与人之间的默契创造出来的。

“知行合一”，是中国人追求的一种平衡。“知”是指内心的觉知，对事物的认识；“行”是指人的实际行为。德鲁克强调实践和行动。卓越的企业家都是从市场上摸爬滚打起来的，从实践中获取各种经验。他们抛弃对空洞理论的追逐，沉潜于管理实践，创造价值，获得持续盈利。失败的次数越多，成为卓越企业家的概率越大。

管理成果来自实践，管理实践的最终目的是实现企业发展目标，实现团队和企业的宏大理想。这就要求企业管理者在经营实践中要重视目标和绩效，要做正确的事和重要的事，努力寻找改进制造技术和管理方法的途径，不仅指导和鞭策别人工作，还要提出一套新的管理哲学和方法。在激烈的市场竞争条件下，在管理实践中懂得应用高科技成果，才能立于不败之地。

二、管理实践的五个模块

概括起来，管理实践体现在五个模块，构筑了现代企业管理的基础。

（1）目标管理。

主要根据人们的需要设置目标，使组织目标和个人需要尽可能地结合，以激发动机，引导人们的行为，完成整体的组织目标，实现组织效益。目标管理也强调“自我控制”。员工并不是一台永不停止的机器，目标管理的主旨在于“用自我控制”的管理代替以往的“压制性的管理”。同时，管理者适度地放权，激发员工的活力和潜力。

（2）管理秩序。

这是规则，是行为规范，是企业高效运行的保障。德鲁克认为：“在一个由多元组织构成的组织当中，使我们的各种组织机构负责任地、独立自主地、高绩效地运作，是自由和尊严的唯一保障。”公司维护什么样的秩序，才能让每个人有尊严？公司必须要对人的尊严和发展保持关切。

（3）沟通管理。

这是企业组织的生命线。管理的过程，也就是沟通的过程。沟通管理是创造与提升企业精神和企业文化，完成企业管理根本目标的主要方式和工具。德鲁克说："管理是通过沟通履行责任的一种实践。"管理者通过沟通，全面了解客户的需求，有效整合各种资源，使企业能够创造出好的产品和服务来满足客户，从而为企业和社会创造价值和财富。

（4）知识管理。

彼得·德鲁克说："未来的组织将是以信息或知识为基础的，提高知识工作者的生产率则是提高企业组织竞争力的关键课题。"知识管理是核心竞争力的关键，也是企业竞争优势的来源。随着社会经济的不断发展，新材料、新技术及新工艺的不断发展和迭代，企业之间的竞争越来越激烈。面对这样的新形势，企业要想巩固原有的市场且获得可持续发展，就一定要有属于自己的核心竞争力。企业员工的优良素质及企业组织间的有效配合就是企业核心竞争力的一个重要体现，而知识管理便是提高人才素质的一种非常有效的方法。企业应该在以培养个体知识为核心的基础上，加速组织和个人之间的知识运转，促进组织知识和个人知识的相互融合。充分利用科学知识，能够使组织的效益持续增长。

（5）领导力。

这是保持组织成长和可持续发展的重要驱动力，体现在价值取向、趋势把握、组织运营和人才发展方面。德鲁克深知，领导力对人类的一切实践活动都有重大影响。他说："领导力就是把一个人的视野提到更高的境界，把一个人的成就提到更高的标准，锤炼其人格，使之超越通常的局限。然后才能把一个人的潜力、持续的创新动力开发出来，让他做出他自己以前想都不敢想的那种成就。"管理者具备领导力，能够帮助企业建立愿景目标，激发他人的自信心和热情，确保战略成功实施。

五大类管理实践相互交融，共同构成了现代企业的管理基础，我们也可以清晰地窥见德鲁克的思想脉络和底层逻辑。

德鲁克强调，管理就应该重视实践、重视行动、重视绩效，管理者应该做到“知行合一”。德鲁克在自传体小说《旁观者》中回顾影响一生的七段经历，这些经历成为他一生的思想支柱和商业主张的基石。无论是从财经记者到助理总编，还是从商业顾问到大学教授，德鲁克在终生学习和实践中，从不同的角度持续升级认知，只为更接近完美的目标；他将自己感悟到的认知理论和学习方法坚持终生，这也是“知行合一”的人生实践。

第二节 管理不仅在于“知”，更在于“行”

德鲁克说：“管理是一种实践，其本质不在于知而在于行；其验证不在于逻辑，而在于果。”从这个意义上说，来自实践的管理思考和经验总结尤为宝贵。他一直关注管理实践，担任多家大公司的管理咨询顾问，其管理思想同管理实践基本保持同步。

一、管理需要良好的执行力

企业的稳定发展和持续盈利，依靠科学的管理。而贯彻战略意图，完成预定目标，还要具备执行力。执行力是把企业战略、规划转化成效益、成果的关键。对于团队而言，执行力就是战斗力；对于企业而言，执行力就是经营能力。再伟大的目标与构想、再完美的操作方案，如果不能强有力地执行，最终也只能是纸上谈兵。

二、执行要具备五项能力

师承德鲁克的管理理论，归根结底要具有良好的执行力，具备由“知”到“行”的转化能力。如何将德鲁克的思想由“知”到“行”呢？主要修炼如下五项能力：

第一，信仰力。管理者对德鲁克知识体系，即营销、目标管理和知识工作者、五项主要习惯等管理理论和概念产生了“信任、信服、仰视、仰慕、敬重”的心理认知，发自内心地对此感到认同。这种认同不会随着外部环境的暂时性变化和冲击而消失。只有认同德鲁克思想，相信他所构建的以成果为导向的绩效精神和以社会责任感为主体的企业家精神，才会遵从和践行，形成自觉履行组织使命、达成组织愿景的内在驱动力和意志力。

第二，遵从力。企业管理者能够遵照德鲁克思想体系所倡导的“价值标准”自觉规范（修正）自己的管理行为；服从德鲁克所倡导的“五项主要习惯”自觉约束（纠正）自己的工作行为、管理行为；也能够坚守德鲁克所倡导的价值标准，用德鲁克思想来提升绩效，改善管理。

第三，践行力。管理者在日常职务管理活动范围内，能主动将德鲁克所倡导的“管理理论和主要习惯”融入组织的日常管理活动中，并发自内心地主动实践。该实践的重要意义在于使德鲁克管理思想与企业管理相结合，让德鲁克管理思想对组织管理和组织绩效的改善发挥出巨大的作用。

第四，影响力。通过管理者自身学习和践行德鲁克管理思想的示范作用，影响组织内部成员对德鲁克管理思想的“态度取向”（从漠视到重视），从而影响群体在行为上的“主动跟随效应”（从旁观者到参与者），继而影响群体在管理实践效果上的“效果转变”（从形式到内容）。

第五，控制力。这是管理者创造一个卓越团队的基本能力。具体体现在：①设定明确的“控制边界”，防止德鲁克思想体系在组织内部出现实践走样；②及时“纠正、惩戒”团队内部违反德鲁克所倡导的“价值标准和行为习惯”的经营行为、管理行为，确保德鲁克思想被正确、有效地实践。

同时，树立正确的价值标准，在学习和践行德鲁克思想的过程中，组织倡导什么，组织反对什么，正确的是什么，错误的是什么……

“知行合一”，“知”乃“行”的前提。对于德鲁克的管理思想，需要正确而深刻的认识与理解。不能浅尝辄止，要持之以恒地学习和践行。

由“知”到“行”的过程，实质上就是对理念认知、认同、承诺并行为化的过程，也是“内化于心，外化于行”的实践过程。在这一点上，德鲁克和稻盛和夫都是典范，他们通过艰苦努力达到巨大成功，是纯粹的理想主义和彻底的现实主义完美结合的典范。

对于企业管理者和员工而言，认同了企业所倡导的愿景、使命、价值观，企业就具备了潜在的巨大凝聚力和向心力；一旦员工开始承诺并自觉履行责任，这些文化理念就逐渐转化为有效的组织所需要的执行力和战斗力。

第三节
集中精力于少数主要领域

德鲁克认为，每个人都必须在一个以上的领域成为专家，并且获得认可。这是他所发现、发展并实践的众多理论之一，最终他取得了惊人的成就。德鲁克 28 岁时就已经描绘出了自己的未来，包括学术、创作以及咨询等方面。他的研究领域涵盖了管理学、政治学和社会学等范畴，这使得他的作品具有宽广的视野和恒久的穿透力。

企业或者个人成为某个领域中的专家，并且获得认可，其成功的秘诀在于“专心”，有效的管理者做事必“专一不二”。因为要做的事很多，而每个人的时间毕竟有限，并且有许多时间非本人所能控制。因此，有效的管理者要善于制订工作计划，为自己安排优先顺序，并集中精力坚持这种秩序。

确定“何者当先，何者当后”的原则在于：①重将来而不重过去；②重机会而不重困难；③选择自己的方向而不跟随别人；④求有突出性的非常表现，而不仅求安全和易做。

一、集中精力于“八个关键领域的目标”

如何集中精力于少数关键领域？德鲁克提出了“八个关键领域的目标”，这是德鲁克思想中的重要部分。

第一，行销。企业能够在市场中创造出顾客，必须有市场营销目标。首先，专注于决策，决定要在哪一类产品与服务区域去迎接挑战。其次，企业必须决定应该在市场的哪一个方面（产品或服务）成为领导者。

第二，创新。企业必须预测为达成行销目标所需要的创新，即根据产品线、现有市场、新市场及服务需求来决定需要做出何种创新。

第三，人力资源。企业不仅要设定明确的经理人的贡献、发展与绩效目标，更要为员工的工作态度与技能发展设定目标，以利于未来企业发展。

第四，财务资源。企业必须为资本的供给与利用设定目标，包括为现金流、长期的资金需求设定目标。

第五，实物资源。任何一个生产物质产品的企业都必须能够获取实物资源，确保实物资源的供应。

第六，生产力。管理者最重要的工作之一就是持续改善生产力。生产力是对组织绩效的真实检测，它是企业竞争力的一个指数。德鲁克一再强调："缺乏生产力目标的企业将失去方向，缺乏生产力评量标准的企业将失去掌控。"

第七，社会责任。德鲁克认为企业占有大量的资源，对社会影响很大，企业必须把履行社会责任作为一项目标。

第八，利润需求。利润是对企业绩效的最终检验。企业需要利润来支付为达成企业目标所需的成本，利润是检验企业是否健康的标准，长期不盈利的企业注定会灭亡。

德鲁克认为企业应将精力集中于以上领域，并确立目标，这些关键领域的结果对企业的生存有着举足轻重的作用。

二、集中精力于企业核心技术能力

集中精力于少数关键领域，同时选择正确的事情去做。如果事情本身不正确，就很难产生积极的成果。如果管理者每天的工作都陷于日常事务，陷于内部复杂的关系，就无法把关注点落在影响公司长远发展的战略决策上。

稻盛和夫专注于精密陶瓷技术这一领域，奠定了京瓷公司的市场地位。稻盛和夫作为陶瓷产业的开拓者，他敏锐地捕捉市场的需求，不断开发新产品和新技术，不仅成功开发出合成镁橄榄石，而且其开发的精密陶瓷技术为陶瓷产业带来了多项创新，也成了支撑创业期的京瓷公司的基础。稻盛和夫凭着这一领域的核心技术和竞争力，把京瓷公司打造成为世界 500 强企业，而且深刻地影响着京瓷员工的人生观与价值观。

专注于关键领域，把自主研发做到极致，才能制造出完美的产品。京瓷公司的发展史中有一项划时代的技术——“多层封装”。京瓷公司当时获得了大量保护 IC 芯片的陶瓷品订单，但京瓷公司缺乏这项技术。稻盛和夫与技术团队一道，废寝忘食地做研发，最终试制出了令客户感动的完美样品。正是此项开发所培养起来的技术实力，使京瓷公司不断获取知名半导体厂商的订单，其业务也扩大到了欧洲和亚洲。

稻盛和夫曾说，凡是做出一番成就的人，无一例外都是不懈努力，历经艰辛，专注于自己的工作，埋头于自己的事业，最后才取得了巨大的成功。

企业也需要专注于关键领域，才能发展核心技术能力。每一家成功的企业都具有独特的核心技术能力，不容易被其他企业或潜在的竞争者模仿。培养和发展企业的核心技术能力是企业成功地进行技术创新、建立和保持竞争优势的关键。

第四节
从实践中提升认知，而非纸上谈兵

德鲁克认为，每个人都应自己承担责任，学习自我发展的原则，并将其应用到商业实践中，以获得个人最好的成就。

德鲁克的著作并非纸上谈兵，更多认知来源于他的亲身实践，影响了许多企业和企业家。

一、从通用汽车的实践，为现代组织管理研究找到支点

1942 年，德鲁克受聘为当时世界最大企业——通用汽车公司的顾问，对公司的内部管理结构进行研究。当时的通用汽车已经是世界规模最大的公司，有 25 万名员工。德鲁克在通用汽车公司工作了 18 个月，针对工业社会的政治、社会结构以及工业秩序进行了全盘性的研究。

1946 年，德鲁克根据在通用汽车公司的研究心得和成果，写出了《公司的概念》一书，也是通过对通用汽车公司实际工作情况、挑战、问题和原则的分析，德鲁克第一次提出了管理学是一门学科的观点，明确“管理”是指承担特定工作与责任、履行组织特定功能。德鲁克开始从通用汽车公司的实践，针对社会和未来，给自己的现代组织管理研究找到了一个支点。德鲁克在该书中首次提出“组织”的概念，从而奠定了现代组织理论的基础。

德鲁克在这本书中所做的并非纯粹的管理实践总结，而是一种介于管理实践与管理学理论之间的探讨。德鲁克通过在通用汽车公司中的实践经历归纳出来的大型企业组织机构设置的“分权化”原则、“事业部”原则仍是 21 世纪企业组织设计的基本原则。

二、丰田之道就是德鲁克之道

德鲁克的管理著作和实践活动对日本丰田公司也产生了重大影响。丰田公司的高管说：“丰田之道就是德鲁克之道。”受到德鲁克管理理念的影响，丰田公司不仅以汽车制造商的身份在市场上竞争，而且以精细化管理取得竞争优势。丰田公司从德鲁克那里学会了比赚钱更重要的使命：丰田公司经营的目的是为顾客、社会与经济创造更高的价值。

三、德鲁克对通用电气公司的影响

德鲁克对通用汽车公司的咨询，奠定了他作为企业咨询顾问的地位。美国通用电气等公司纷纷寻求他的指点。从 20 世纪 50 年代开始，德鲁克就是通用电气公司每一届董事长和 CEO 的顾问。

1981 年，杰克・韦尔奇担任通用电气公司的 CEO 后，做的第一件事就是去拜访德鲁克，他的很多经营思想和策略深受德鲁克的启迪，他整合通用电气的第一个核心思想就来自彼得・德鲁克。例如，第一，在通用电气公司消除官僚主义，把管理层级从八级压到三级。第二，无法让你在通用电气公司终身就业，但培养你终身就业能力，每年末位淘汰 10% 的员工，裁员亦不手软。第三，卖掉非一流业务，买入一流业务，只做全球数一数二的业务。

因此，杰克・韦尔奇给予德鲁克极高的评价：“全世界的管理者都应该感谢这个人，因为他贡献了毕生的精力，来厘清我们社会中人的角色和组织机构的角色，我认为彼得·德鲁克比任何其他人都更有效地做到了这一点。”

第五节
从经营实践中总结哲学理念

稻盛和夫的管理实践，更多体现在经营哲学的总结。稻盛和夫在经营京瓷公司时，曾经遇到过各种各样的困难，但每次他都能够想出办法渡过难关。他喜欢在事件发生之后总结经验，不断地对工作以及人生进行自问自答，在经历一次次灵魂拷问的过程中，他对自己以及自己做的事情能够进行客观的评价，最终总结并形成了京瓷哲学。

京瓷哲学是通过稻盛和夫的管理实践得出的人生哲学，其根本在于“人应该怎么活着”。他做了假设，如果一个人以正确的生活方式去度过人生，去努力工作，那么，他的一生将会变得无比充实和幸福，公司也会成为幸福型企业，得到持续长久的发展。

稻盛和夫曾经在一次演讲中说：“正是哲学决定了经营和事业的成败。想把公司搞好，让员工幸福，先决条件是最高经营者必须提升自己的思维方式和精神境界。”稻盛和夫把他在经营实践中切身体悟到的经营原理原则归纳为“经营十二条”。

在“经营十二条”中，首先要明确事业的目的和意义，因为这最能激发员工内心的共鸣，获取他们对企业长时间、全方位的协助，员工也能全身心地投入经营。其次，心中要有强烈的愿望，愿意付出不亚于任何人的努力，经营取决于坚强的意志和燃烧的斗魂，始终保持乐观向上的心态等。

"经营十二条"的有效性和普遍性已被实践所证明。"经营十二条"立足在"作为人，何谓正确？"这一基本观点之上。这样普遍的哲学思想可以超越国境，超越民族，超越语言差别。在日本航空公司的破产重建中，稻盛和夫为了让企业干部理解并实践这些原则，他每天都不厌其烦地做宣讲，要求员工务必相信它的力量，深刻理解、认真实践"经营十二条"。最终他带领日本航空公司走出低谷，在不到一年的时间内，就让日本航空公司扭亏为盈。

作为世界级的知名实业家，他一直强调，成就事业没有其他捷径，唯有努力地工作。热爱是点燃工作激情的火把。无论什么工作，只要全力以赴地去做，就能产生很大的成就感和自信心。稻盛和夫正是凭借这种信念才能成就伟大的事业。

稻盛和夫的成功经验表明，一个领导者只有不断增强自我修养，对身边的人和事充满爱心，并不断付诸实践，才能提升经营管理的绩效，实现领导者乃至人生的最高境界。

第六节
解决问题的答案总是在现场

古诗云："纸上得来终觉浅，绝知此事要躬行。"作为两大世界级企业的创办者，稻盛和夫有着自己独到的经营哲学，并在几十年的时间内亲身实践，他坚信解决问题的答案总是在现场。他的实践行为再次表明，管理是实践出来的，最终是为了达成现实目标，实现团队和企业的理想。

一、为何热衷于在工作现场解决问题

稻盛和夫创立京瓷公司后，一直担任京瓷公司的研发带头人。稻盛和夫在工作中经常付出不亚于任何人的努力，加班加点、连续奋战是他的工作常态。创业之初，他更是肩挑销售与技术的重担，白天拜访客户，挖掘客户的需求点；晚上夜以继日地进行产品和技术研发。他不仅严格要求自己，也要求公司的员工在工作中不能有丝毫懈怠。

他发现，一旦全身心地投入到工作中，对某个目标产生强烈的渴望，就会在脑海里形成一个意象，所有的思考和愿景都会坚定地指向这个目标和方向。这时，工作现场仿佛出现照亮前途的火炬，智慧之窗随之打开。用稻盛和夫的话说就是“工作现场有神灵”。

稻盛和夫曾一次次遇到这种工作现场的神灵，因此他做出结论、解决问题的答案总是在现场。当一个人以不服输的高度热情投入到产品研发中，在对其进行全然的审视、倾听、专注中，往往会听到“产品的回声”，找到解决问题的办法。

二、亲身实践才能看清事情的本质

稻盛和夫认为“实践重于知识”。“了解”与“能够做到”是截然不同的概念。书本上的知识和道理与现实中发生的现象不同。只有以结果来验证，也就是说，必须经过亲身实践才能看清事情的本质。

但是仅仅从事实践活动，是无法认识事物的本质和规律的。要获得对客观事物本质和规律的认识，必须实现从感性认识上升到理性认识。要实现这一飞跃，我们必须通过持续的管理实践，占有丰富而真实的感性材料，并且运用科学的思维方法，对感性材料进行加工制作，才能透过现象认识事物的本质和规律。

稻盛和夫正是在经营京瓷公司的过程中，经过不断实践和思考，认识到了经营的本质，以及思考“人应该怎么活着”，由此独创了阿米巴经营模式，总结出稻盛哲学。阿米巴经营和稻盛哲学也成为京瓷公司发展的两大支柱。

三、“知行合一”的践行者

稻盛和夫作为京瓷哲学的创造者和引领者，在其所经营管理的企业中推行了稻盛哲学。稻盛哲学本质上是“行”的学问，它之所以伟大，正是因为“知行合一”。稻盛和夫认为，我们在生活中最容易实践的，而且提高心智最根本、最重要的途径，就是“六项精进”。“六项精进”总结了稻盛和夫在人生和工作中非常重要的实践内容。如果每个人在每天的工作中，都能持之以恒地对“六项精进”加以实践，就一定能够开创自己美好的人生。

在“六项精进”中，稻盛和夫特别把“付出不亚于任何人的努力”放在第一条。他说：“要想度过更加充实的人生，就必须比别人付出更多的努力，全身心地投入工作。痴迷于工作，热衷于工作，并付出超出常人的努力，这种不亚于任何人的努力会给我们带来丰硕的成果。”作为企业家和高层管理团队，要把自己的精神和愿景传达给每一位员工，从而使员工心甘情愿地为此持续地努力。只有不遗余力地投身于工作，才有可能取得企业经营的成功或人生的成功。

“付出不亚于任何人的努力”是事业成功与美好人生的必然要求。稻盛和夫不仅是这样认为的，更是身体力行。他 27 岁创办京瓷公司，虽然面临很多竞争对手，但他心里只有一个念头，就是不能让公司倒闭，不能让一位员工失业。他坚信以心为本的经营、人人都是经营者，让大家团结一致，就一定能够成就大的事业。

案例

稻盛和夫拯救日航的阿米巴经营体系

稻盛和夫成功创办京瓷公司和 KDDI，这两家公司都进入了世界 500 强。在经营企业的过程中，稻盛和夫独创了阿米巴经营和稻盛哲学。

稻盛哲学与阿米巴经营成功导入，使日本航空公司（以下简称日航）起死回生。2010 年，日航向东京地方法院申请破产保护，为了使日航得以重建，稻盛和夫答应了政府的再三请求，以 78 岁的高龄出任日航的会长（董事长），重整问题重重的日航。稻盛和夫之所以接受了这个艰巨的挑战，其原因是出于以下三项社会责任：一是为了防止二次破产对日本整体经济产生恶劣影响；二是为保住留任日航员工的工作；三是为了维护合理的竞争环境，确保国民利益。

日本航空公司濒临破产，公司高管缺乏危机感和责任感，员工们更是一盘散沙。稻盛和夫对航空运输事业方面的知识和经验也很欠缺，当然也没有胜算。他所能带到日航的只有稻盛哲学和阿米巴经营这两件武器。

一、把稻盛哲学移植到日航这家企业中去，制定日航哲学

尽管稻盛哲学和阿米巴经营在京瓷公司获得成功，但要把阿

米巴经营有效地导入日航的经营管理系统中，需要一系列的经营改革。

稻盛和夫首先着手改革日航干部和员工的思想意识，形成共有的价值观，推进全体员工的意识改革。即要把稻盛哲学移植到日航这家企业中去。

稻盛和夫把日航的经营干部召集起来，集中学习、集体讨论。他亲自讲领导人应有的资质，要求大家将“作为人，何谓正确？”作为判断和行动的基准，要求干部成为受到部下信任和尊敬的人，并讲解“经营十二条”原理原则，彻底改革官僚体系。这种以经营干部为对象的研修会，使日航的管理者逐步加深了对稻盛哲学的理解。

稻盛和夫揭示并反复宣贯日航的经营理念，即“追求全体员工物质和精神两方面的幸福”。稻盛和夫认为：“只要你爱员工，他们就会爱顾客。”

稻盛和夫领导编制《日航哲学手册》并全员推行。这是日航经营的指针，指明了日航今后应该以什么样的思维方式、什么样的哲学为基础来开展经营活动。

通过学习稻盛哲学，日航员工在谋求意识改革的过程中思想逐渐发生了变化，稻盛的经营哲学慢慢由高层管理者向中层管理者乃至员工渗透。在现场一线的员工，开始在各自的岗位上拼命努力。他们热爱日航，也希望客人喜欢日航，他们从这种纯粹的愿望出发，殷勤、诚恳地待人接物。员工服务态度的转变，使日航得以成功转型。

二、导入阿米巴经营，各级经营者的责任意识开始建立

稻盛和夫在日航导入阿米巴经营，使每一位员工都萌生了经营者意识，全体员工开始思考如何提高自己部门的销售额，如何削减

经费。稻盛和夫还争取了日本政府巨额资金援助和各交易银行债务减免，并围绕“销售最大化，费用最小化”采取了多项措施，包括实施阿米巴经营及会计核算体系，使日航逐渐摆脱经营困境。

接手日航后，稻盛和夫搭乘日航航班都坐经济舱，表明与员工同甘共苦的决心。机舱里的乘务员在经济舱每每看到公司董事长，总是感动得热泪盈眶。

日航公司风气彻底发生了改变，员工发自内心地与公司同心同德同努力。日航也迅速恢复生机，并且形成了可持续发展的高收益的企业经营体系。其结果是，此前一直亏损的日本航空公司，重建后的第二年度就实现了高额盈利，变身为世界航空领域收益最高的企业。2012 年 9 月，仅仅用了 2 年零 8 个月，日本航空公司就实现了重新上市。

本章小结

◎ **德鲁克与稻盛和夫的相同点：**

1. 两人在企业经营管理上都有丰富的实践经验。德鲁克是企业管理咨询顾问，指导和帮助企业解决经营中的关键问题，从而积累了丰富的管理经验；稻盛和夫创办两家世界 500 强企业，也积累了丰富的管理实践经验。

2. 两人都重视“知行合一”。德鲁克提出管理是一种实践，其本质不在于“知”，而在于“行”；验证不在于逻辑，而在于成果。稻盛和夫推行的稻盛哲学本质上就是“行”的学问，他根据自己的实践经验总结出了“六项精进”的内容。

◎ 德鲁克与稻盛和夫的不同点：

两人在管理实践中的侧重点不同。

德鲁克在管理实践中注重经营技巧，以目标管理、成果管理、创新与企业家精神等管理理论武装我们的头脑。

稻盛和夫在管理实践中注重经营心灵，以心法、活法、敬天爱人等经营哲学充实我们的灵魂。

03

第三章

组织的进化：组织结构变革与赋能

3

在阿米巴经营中，把公司组织划分为被称作“阿米巴”的小集体。各个阿米巴的领导者以自己为核心，自行制订所在阿米巴的计划，并依靠阿米巴全体成员的智慧和努力来完成目标。通过这种做法，生产现场的每一位员工都成为主角，主动参与经营，从而实现“全员参与经营”。

——稻盛和夫

第一节
“组织”概念的提出、发展和进化

德鲁克所著的《公司的概念》一书，使管理学成为一门独立学科，德鲁克第一次全面、系统地定义了公司的本质，提出“组织”的概念，从而奠定了组织学研究的基础。

一、定义组织本质

德鲁克提出：公司的本质和目标不在于它的经济业绩，也不在于形式上的准则，而在于人与人之间的关系，包括公司成员之间的关系，也包括公司外部公民之间的关系。

企业组织必须是一个独立的主体，能够按照自身的结构和要求进行管理和决策，可以根据自己的目标来评价。组织机构也是社会的一员，和自然人一样，社会必须赋予它适当的功能和身份，同时它必须承担相应的社会责任。德鲁克关于企业人的重新定义，对于之后半个世纪的激励理论研究、股权制度的创新具有深远影响。

在定义组织本质的社会关系、社会责任、社会意义方面，《公司的概念》一书所阐述的思想是前无古人的。

二、组织变革的方法论和原则

进化是一个生物学的概念，其实质是某种基因的改变。组织进化，意味着在市场环境的变化中，思考究竟企业组织应该怎样去变革。我们不仅要变革，更要做变革的引领者。

企业的发展离不开组织变革、内外部环境的变化、企业资源的整合与变动，这些因素给企业带来了机遇与挑战。

德鲁克谈及企业经营适应变化的关键："变不是最重要的，变化的趋势或趋势的变化才是最重要的。"趋势的变化能让他发现看得见的未来。德鲁克不喜欢猜测未来和预言未来，他强调要立足当下，关注正在发生的事情，然后观察其变化趋势，利用时间差来捕捉看得见的未来。

组织变革，其根本目的是适应未来组织发展的要求，增强组织活力，实现组织目标，提高组织效能，并最终实现组织的可持续发展。

组织变革的内容，首先是对人员的变革。人员的变革是指员工在态度、技能、期望、认知和行为上的改变。其次是对组织结构的变革。主要指组织需要根据环境的变化适时地对组织结构进行变革，并重新在组织中进行权力和责任的分配，使组织变得更为柔性灵活，易于合作。最后是对技术与任务的变革。包括对作业流程和方法的重新设计、修正与组合，更换机器设备，采用新工艺、新技术和新方法等。

在组织变革上有什么方法论和原则？

第一，有决心和能力改变现状（推动思变，释放宝贵资源）；

第二，有组织的改善（以重新定义"绩效"为前提）；

第三，挖掘成功的经验（而不是仅讨论存在的问题）；

第四，系统化的创新（创造变革 = 别让机会溜走）。

处在互联网时代，组织必须能够有效地整合资源，也需要开放、整合创新的管理范式。同时，管理者要深入企业实践内在寻求答案，寻求企业可以应对各种挑战和变化、持续成长的真正驱动因素。释放个体的价值，赋能于组织本身，形成开放与合作的组织架构，令外界更容易被纳入，或者让组织本身更具弹性。

第二节
公司成长陪伴的大师

彼得·德鲁克说，企业家总是在寻求变化，顺应变化，并利用变化使之成为机会。德鲁克在《管理的实践》一书中，回归管理的源头，叩问“企业究竟是什么”这一具有本源意义的问题。德鲁克穷其一生都在追问“企业是什么”，或许在这个企业普遍感到迷惘的时刻，大师的思考能给我们清晰的指引。

稻盛和夫认为，以谨慎的态度经营企业，打造高收益的企业“体质”，形成值得自豪的、财务体质宽裕的企业。这就是京瓷公司克服多次经济变动、顺利发展至今的原动力。

公司不断地发展和演变，作为变革的领导者，并不仅仅是愿意接受新的、不同的事物，还需要有意愿和能力来改变现行做法。它需要制定出“由现在创造出未来”的策略。

一、公司的历史沿革

公司是指企业的组织形式，以营利为目的的社团法人，在资本主义社会获得高度发展。

清朝魏源在《筹海篇四》中说："西洋互市广东者十馀国，皆散商无公司，唯英吉利有之。公司者，数十商辏资营运，出则通力合作，归则计本均分，其局大而联。"

彼得·德鲁克在《公司的概念》一书中首次尝试揭示一个组织是如何运行的，它所面临的挑战、问题和遵循的基本原理是什么。他从三个方面对企业进行社会和政治分析：将公司作为独立的主体分析其运行；分析大企业能否实现它所处社会的信仰和承诺；分析公司目标和社会功能的关系。

公司的历史沿革，大体经过家庭剩余产品交换、商贩、商帮、契约合伙、专业公司、近代公司、现代公司等过程（如图 3-1 所示）。

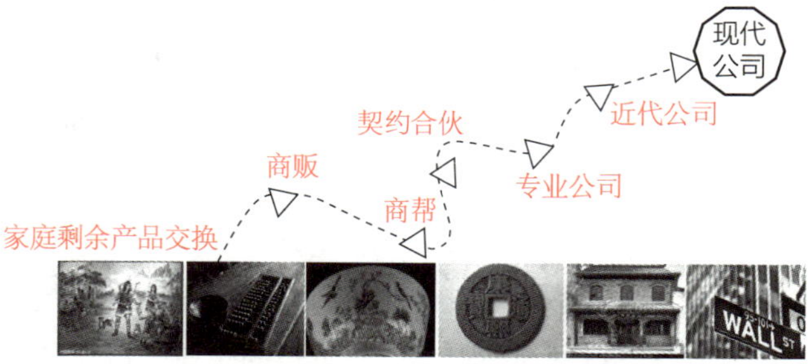

图 3-1　公司的历史沿革

二、公司成长陪伴的大师

德鲁克和稻盛和夫都是公司成长陪伴的大师。

德鲁克在他的著作中多次论述公司成长问题。1954 年，德鲁克在现代管理的奠基之作《管理的实践》一书中，用整整一章的篇幅专讲企业成长问题。1973 年，德鲁克在现代管理思想的系统化著作《管理：使命、责任、实务（责任篇）》一书中，又以专门一章讲企业成长管理。这两部分是德鲁克著作中关于企业成长理论的集中体现。

作为公司成长陪伴的大师，德鲁克从五个方面论述公司成长管理。

第一，解决企业成长所带来的问题。在企业经营中，员工的多少和企业规模的大小不是最大问题，成长才是最大问题。最重要的事情莫过于解决企业成长所带来的问题，成长问题的实质是管理态度的变化。

成长企业的先决条件：管理层必须能够改变基本态度和行为。随着企业的成长，公司高层必须发展新能力，必须了解营业状况，必须与员工保持畅通的沟通渠道。高层管理团队必须把重心放在目标设定上，建立从最低层主管到最高层主管的向上沟通渠道。为了顺应成长，管理层必须了解和应用组织原则，严谨设计组织结构，清楚设定目标，明确各级主管的职责。

第二，成长的必要条件和前提条件。成长必须要求能够在恰当的时机，把恰当的产品或服务投放在恰当的市场上。这是成长的必要条件和前提条件，而不是成长本身。为了成长，企业必须有战略、有准备，必须塑造一种准备成长的模式，并集中力量达成想要的目标。

第三，企业对成长进行管理是理念也是一项任务。处于成长中的产业，也具有脆弱性。哪些企业会成为领先企业，哪些企业将会消失，是无法预测的。最重要的是，企业管理者需具备对企业成长进行管理的能力以及制定出能够占据领先地位的战略能力。企业的成长是有风险的，因此企业对成长进行管理是理念也是一项任务。

第四，企业对成长做出计划。企业自身的成长应是一项目标。即使在动荡时期，企业也应该有成长发展的目标。当经济不再成长时，经济中的变化必然是突然的、急剧的。于是，一个没有成长的企业或产业真的就要衰落了。在这种时候，更需要有战略思考，对成长做出计划，对成长进行管理。

成长政策同任何其他企业政策并无差别，它要求有目标、优先顺序和战略。更重要的是，它要求成长目标是合理的，并且以企业、市场和技术的客观现实为基础，而不是以财务上的幻想为基础。

第五，企业成长管理的控制性因素是高层管理者。企业成长的关键是高层管理者，高层管理者面对企业成长必须愿意并能够改变自己，改变自己的角色、关系和行为。

具有成长雄心的中小型企业的主要负责人，要想让企业茁壮成长，必须改变自己的角色、行为和关系，并应接受自己在一个较大型企业中所扮演的新角色，而且是必须在扮演这一新角色以前，就做好准备。

稻盛和夫陪伴企业成长发展的经营要诀，主要是“经营十二条”。稻盛和夫说：“经营者不可寄希望于他人，一定要亲自上阵，踏踏实实地履行‘经营十二条’，培养‘自力’。”

稻盛和夫认为，复杂现象，复杂理解，事情反而难办。在研究开发领域必须具备将复杂现象简单化的能力，企业经营也是一样，只要领会了其中的要诀（原理原则），经营企业就不是什么难事。

作为公司成长陪伴的大师，德鲁克更侧重企业本身管理机制的成长与进化，稻盛和夫则更重视对经营哲学的内在思考、对人的价值观的塑造。他们都对企业成长的本质进行了深入的思考与解答。对于现代企业的管理者和经营者而言，他们的答案都带来了深刻的启示。

第三节
组织变革的引导者

一、什么是组织变革

为什么要引领组织变革，做组织变革的引领者？

组织内部就像一出唱不完的大戏，剧情随着企业外部和内部环境的变化而跌宕起伏。身处互联网时代，在易变、不确定、复杂的社会和市场大环境下，变化速度之快，防范“黑天鹅”的难度之大，是我们难以预料的，每家企业组织都有朝生暮死的可能！你无法准确预知竞争对手来自何方，下一刻你的企业会不会倒下！

德鲁克说：“在组织结构性调整中，唯一能幸免于难的只有变革的引领者，我们无法左右变革，只有走在它前面。”企业中的组织变革是一项“软任务”，即有时候组织结构不改变，企业也能正常运转，但如果要等到企业无法运转时再进行组织结构的变革就为时已晚了。因此，企业管理者必须抓住变化的征兆，及时进行组织变革。

“宜未雨而绸缪，毋临渴而掘井。”作为企业管理者需要有这种忧患意识，当企业的经营业绩下降，企业生产经营缺乏创新，组织机构本身病症显露时，如决策迟缓、机构臃肿、管理幅度过大、扯皮增多、管理效率下降、员工的士气低落、不满情绪增加等，企业就应及时进行组织诊断，判断是否需要变革组织。

企业的组织变革是令人痛苦的，需要冒风险，需要做大量艰苦卓绝的工作。组织变革的引导者会视变革为机会。他们主动寻求变革，知道如何发现恰当的变革良机，了解如何在组织内、外部发挥变革的作用。

德鲁克认为，要成为变革的引导者，必须遵循四项原则。

第一，创造未来的原则。

第二，系统化地寻求和预见变革的方法。

第三，在组织内部和外部推行变革的恰当方式。

第四，在变革与连续性之间达成平衡的原则。

组织变革是一项系统工程，涉及方方面面的关系，因此必须讲究策略。首先要积极慎重，即要做好调查，积极推行。其次是综合治理，即组织变革工作要和其他工作配合进行，这主要是指组织的任务变革、组织的技术变革、组织的人员变革。

二、组织变革的 7 个步骤

对于组织变革的引导者来说，企业必须关注机会。他们必须摧毁问题滋生的土壤，创造机会生存的环境。

根据德鲁克的变革理论，我们总结出组织变革的 7 个步骤。

（1）建立紧迫感，体现出组织变革的重要性。

紧迫感是领导变革和应对危机的关键。在组织变革中建立紧迫感，使员工增强风险意识，认识到进行组织变革的必要性和重要性，并且开始为变革采取积极行动。

（2）组建一个高效的变革精英团队。

组织变革精英是带头人，一个可信赖的精英团队能更好地推动组织变革和贯彻执行计划。这个团队直接跨越整个组织和各业务单元，而不必遵守传统的等级制度。为了将全部精力集中于领导和推动组织变革，他们直接或间接地贯彻执行新流程。

（3）确立组织变革愿景，明确努力的方向和具体行动指引。

组织变革的愿景常与战略、规划和预算相联系。详细的计划和预算仅仅是变革的前提条件，组织更需要符合实际情况的、能够得到组织认同的、清晰的变革愿景，需要为员工提供新信息、新行为模式和新的视角，指明变革方向，实施变革，进而形成新的行为和态度。

（4）将确立的组织变革愿景达成共识。

将确立的变革愿景有效地传递到组织中的相关人员那里，使所有的相关人员都能对此达成共识。在这个阶段，实际行动比言语更为有效，表率比指令更起作用，领导者需要用实际行动来影响其他相关人员。

（5）充分的授权，具体执行组织变革措施。

充分的授权，是在组织中进行成功变革的必要环节。领导者放权将专业的事情交给专业人士去做，这也体现了专业分工的趋势，使管理更加职业化。

（6）创造短期绩效，肯定变革成果。

变革通常是一个缓慢且逐步实现的过程，在具体某一阶段，其成效并不明显。这种情况持续太久，会对组织成员造成一定的心理压力，成员会怀疑组织变革的结果。因此，变革领导者需要创造短期成效，帮助肯定变革成果，以鼓舞人心。

（7）培养共同的价值观，推进变革活动的深入。

组织变革取得成功后，组织需要通过建立一定的企业文化来巩固变革成果，以企业文化来培养组织成员共同的价值观，推进组织变革的深入。

第四节
让“赋能”来升级企业管理

一、给企业“赋能”，激发员工活力

未来的组织会演变和进化成什么样，这很难准确预测。但未来组织最重要的功能已经越来越清楚，那就是赋能。

赋能授权是在企业变革中使用频率很高的词汇，其意是授权给企业员工——赋予他们更多额外的权力。比如企业里的事业部、阿米巴组织等，要让这些小组织独立核算、自主经营，企业就要赋能授权。企业自上而下地释放权力，使员工在从事自己的工作时能够行使更多的控制权。从逻辑上说，这样做意味着为了追求企业的整体利益而给予员工更多参与决策的权力，目标是提升员工的经营意识。

德鲁克在《卓有成效的管理者》一书中说：“‘授权’这个名词，通常都被人误解了，甚至是被人曲解了。这个名词的意义，应该是把可由别人做的事情交付给别人，这样才能做真正应该由自己做的事——这才是有效性的一大改进。”森严的等级在一定程度上限制了我们的能量级和原动力，也使管理者无法真正地探查到自己的行为决策对员工造成的影响，从而影响管理效率。

组织变革中组织领导者由控制者转变为赋能者，通过激起员工的工作动力来激发持续的创造力，使员工的自主性、创造性和灵活性更好地与组织进行匹配，从而更好地实现组织的创新发展。

但企业仅仅做到授权赋能还不够，因为授权赋能的背后，各个事业部需要承担更多的经营责任。经营变革、授权赋能都给企业带来很多不确定性，或者更高的成本。授权赋能给企业带来机遇，也带来各种挑战，让组织在界定每个人的角色和责任时存在一定难度。因此，企业需要做的是把赋能与责任结合在一起，让责任更加明确，并能够发挥创新的功效。

二、如何给企业"赋能"

德鲁克说："管理的本质是激发善意。"授权赋能作为一种驱动力，仅仅解决了从被动干到主动干的心态问题。"激发善意"体现在两个方面：一是激发个体或内部组织由内而外的能量，包括工作心态、执行力、知识和技能，达到自我能量的峰值；二是整合、优化或者导入资源，聚合外部能量为我所用。

那么，如何让"赋能"来升级企业管理呢？

首先，建立赋能型组织。企业的发展，需要从管控型组织转变为赋能型组织，充分授权于员工。组织的职能不再是分派任务和监工，而更多的是让员工的专长、兴趣和客户的问题有更好的匹配，这往往要求更强的员工自主性、更高的流动性和更灵活的组织。这类赋能型组织包括各种战略经营单元、阿米巴组织等。这些组织能够自主经营、独立核算，充分发挥每个人的创造性和潜力。

其次，注重利益分享。人才是决定公司发展的智力资本，在赋能型组织中，协同共享资源，不能依赖自上而下的行政命令，而是将短期的内部市场机制、长期的共同目标作为牵引。参与利益分享的重要对象当属核心人才。要大力激发这批人的聪明才智，使之成长为镇守一方、驰骋沙场的领军人物。同样，赋能型组织也要将激励向内传递，使成员都能获得有效激励。

最后，企业文化对组织的赋能。例如，稻盛哲学对京瓷公司的发展起到十分重要的作用。稻盛哲学归纳为一点就是“敬天爱人”，以“何为正确的做人准则”为判断标准，指出了按照人类应有的原始伦理观、道德观及社会规范，开展无愧于任何人的、正大光明的经营与业务活动的重要性。

在稻盛哲学的激励下，为了公司的发展，每个人都全力以赴地工作。经营者也不负众望，愿意付出不亚于任何人的努力，信任工作伙伴，不徇私、不自利，而是一心要把公司做大做强，让员工们以在京瓷公司工作为荣，这就是京瓷公司一直以来的经营之道。

未来的组织是一个利他文化与赋能型的组织。管理者用利他之心做出判断，因为站在“为了他人幸福”的立场上，所以能够获得更多人的协助，也能开阔视野，进而做出正确的判断。

未来的领导也是赋能型领导，而不是命令型领导。赋能的终极目标，是让组织或者个人能够自我驱动、自我提升，并与外界资源形成有效的互动，从而达到最优的效果。

第五节
从金字塔到倒三角——事业部制

传统的金字塔组织结构，通常采取自上而下的控制式管理。即除了老板，其他员工都是雇员。老板和高管们指令式的管理风格，将对组织氛围产生严重的破坏，进而影响组织绩效。

德鲁克经历过工业时代的鼎盛时期，晚年又逢知识社会和互联网社会的到来。在大时代的转换中，德鲁克比任何人都更能感受到新时代带来的冲击，以及传统上司与下属关系的解体。

德鲁克在以通用汽车公司为研究对象写成的《公司的概念》一书中提出了颇有前瞻性的“工厂社区自治”的概念。即公司将管理的责任交给员工、班组和员工组成的团队，让他们来负责工作的组织、绩效评定、团队管理等。企业通过培养出有管理能力的、有责任感的工人，打造“自我管理的工厂社区”。德鲁克认为，管理者应将工人看作一种资源，而不是成本。在公司组织结构上，就是从金字塔组织结构走向扁平化的倒三角组织结构。

一、传统管理的挑战

知识社会的到来，挑战了传统管理的诸多假设。德鲁克在《21世纪的管理挑战》一书中提出要重构管理。

第一，传统的老板和下属的角色将消失。德鲁克认为知识社会是由初学者和资深者构成的社会，而不是由老板和下属构成的社会。

传统的老板与下属的角色将会消失，雇佣关系将不复存在。在知识社会，作为下属的知识工作者，在很多专业领域的知识和技能都要胜过上司，因此，管理者要将下属视为合伙人，

第二，自上而下的指令型管理不符合时代和员工要求。德鲁克认为，知识员工拥有高度的自主性，而且他们是专家，是不能严密监督的。管理者唯一能做的，就是给予多方的协助，引导他们自己走向“有效性”。因此，管理者需要调整自己的角色和管理习惯。

第三，平等的伙伴关系对团队领导的管理方式提出了新的要求。伙伴关系意味着在地位上，所有合作者都是平等的。

德鲁克认为，管理者不能向合作者发号施令，他们需要被说服。管理者的工作逐渐变成一项“销售工作”。在推销过程中，我们要以客户为出发点，而不应以自己的产品为出发点。

第四，基于责任和沟通的自我管理。在平等的伙伴关系中，每位成员必须对组织的目标、自己的贡献以及自己的行为负责。组织的所有成员都必须成为负责任的决策者，都必须把自己看作组织的管理者。确保自己的工作目标能跟得上整个团队的工作目标，相互配合、相互协作，也是组织所有成员的共同责任。

第五，领导权与等级无关。德鲁克认为，“级别”这个词，应该从知识工作与知识工作者的词汇库中完全消失。平等的组织，是一个由合作伙伴组成的组织。传统金字塔组织结构中的多层级别，将渐渐失效并退出舞台。

二、事业部制的起源和应用

从金字塔组织结构走向扁平化的倒三角组织结构，就需要构建事业部制，即在 20 世纪 20 年代初由通用汽车公司的斯隆首创而被德鲁克推荐的“联邦分权制”或“事业部制”。德鲁克认为，大型企业和超大型企业首选的组织模式就是事业部制。

事业部制组织结构，即按产品或地区设立事业部，每个事业部都有自己较为完整的职能机构。事业部在最高决策层的授权下享有一定的投资权限，是具有较大经营自主权的利润中心，其下级单位则是成本中心。事业部制具有集中决策、分散经营的特点。集团最高层（或总部）只掌握重大问题决策权，从而得以从日常生产经营活动中解放出来。事业部本质上是一种企业界定其二级经营单位的模式。

事业部制适用于规模庞大、品种繁多、技术复杂的大型企业，是国外较大的联合公司所采用的一种组织形式。在日本，“经营之神”松下幸之助在 1927 年也采用了事业部制，这种管理架构在当时被视为划时代的机构改革，与“终身雇佣制”“年功序列”并称为松下制胜的“三大法宝”。我国一些大型企业集团或公司也引进了这种组织结构形式。

事业部制扩展到企业管理领域，主要有以下几个优点：

第一，事业部制能够使各级员工得到充足的锻炼，为企业培养合格的接班人。每个事业部都为自己的绩效、结果以及对整个公司的贡献负责。事业部总经理知道他们在做什么，可以将精力放在整体绩效上，而不是成为仅有技能的工作机器。

第二，事业部制能够使老板从具体运营事务中解放出来，集中精力考虑企业的战略问题。

第三，事业部制要求各事业部自主经营，独立核算，能够激发员工的积极性。事业部总经理享有一定程度的自主权，负有盈亏责任，目的是调动员工的生产经营积极性，改善企业生产经营管理。

第四，每个事业部都应该富有成长的潜力。核心事业部门只有不断地开发出新产品，公司才能得以生存。

第六节
从雇佣到伙伴——阿米巴经营

阿米巴经营是稻盛和夫在京瓷公司的经营过程中，为了强化员工的成本意识，为实现京瓷的经营理念而独创的管理方式。

在阿米巴经营中，公司组织划分为被称作“阿米巴”的小集体，同时各单元的经营权下放给阿米巴领导。每个阿米巴都任命一个领导，各个阿米巴的领导者以自己为核心，自行制订所在阿米巴的计划，全权负责经营计划、业绩管理、劳动人事管理、资材购买等业务，以增加伙伴式共同经营者，并依靠阿米巴全体成员的智慧和努力来完成目标。通过这种做法，生产现场的每一位员工都成为主角，主动参与经营，从而实现“全员参与经营”。

一、稻盛和夫如何进行组织变革

阿米巴经营模式与京瓷会计学，被称为稻盛经营哲学的“两大支柱”。阿米巴经营的巨大魅力在于能够深层次地系统解决企业经营的根本问题。

阿米巴组织变革，能够打造事业共同体。阿米巴经营模式源于稻盛和夫创业早年的困境，当时他一个人既负责产品研发又负责市场营销，当公司发展到 100 人以上时，他觉得苦不堪言，非常渴望有许多个自己的分身可以到各重要部门承担责任。在这种忧患意识的促使下，稻盛和夫想通过改进优化企业的会计核算制度来对企业进行一定的变革。为此，稻盛和夫推出了“单位时间核算制度”的新会计核算方案，为了配合这个方案的具体实施，他又独创了阿米巴经营模式。他把公司细分成所谓“阿米巴”的小集体，并委以经营重任，从而培育出许多具有经营者意识的领导者。

阿米巴经营模式成功的关键在于通过这种经营模式明确企业发展方向，并把它传递给每位员工。每位员工深刻理解阿米巴经营的具体模式，包括组织构造、运行方式及其背后的思维方式。稻盛和夫也想借此变革，让企业的组织能够灵活地应对市场变化，让独立核算的部门形成一种经营责任，以便对工作业绩进行考核。

二、稻盛和夫是组织赋能的践行者

稻盛和夫在京瓷公司独创的阿米巴经营模式，其本质是一种赋权管理模式。“阿米巴经营”与“稻盛哲学”“经营会计”一起相互支撑，形成经营“铁三角”，是一种完整的经营管理模式，是企业系统竞争力的体现。

赋能授权是为了消除员工有效工作的种种障碍，阿米巴员工独立经营、自主核算的权力，使员工在从事自己的工作时能够行使更多的控制权。

三、稻盛和夫倡导的是“全员经营”的理念

阿米巴经营就是以各个阿米巴的领导为核心，让其自行制订各自的计划，并依靠全体成员的智慧和努力来完成目标。通过这种做法，第一线的每一位员工都能成为主角，主动参与经营。

在京瓷公司，稻盛和夫很重视培养员工的经营意识。他认为每位员工都是企业经营不可或缺的基石，阿米巴经营最根本的目的是

培养人才，培养与企业家理念一致的经营人才。因此，企业领导者必须要把培养员工作为企业经营最重要的目标。只有员工具备了经营意识，才能更好地实现企业经营、获利和生存的大义。

如何培养具有经营意识的人才？在阿米巴经营中，经营权下放之后，各个小单元的领导会树立起“自己也是一名经营者”的意识，进而萌生出作为经营者的责任感，尽可能地努力提升业绩。这样一来，大家就会从作为员工的“被动”立场转变为作为领导的“主动”立场。这种立场的转变正是树立经营者意识的开端，于是这些领导中开始不断涌现出与稻盛和夫一同承担经营责任的经营伙伴。

如何实现全员参与的经营？如果每一位员工都能在各自的工作岗位为自己的阿米巴甚至为公司整体做出贡献，如果阿米巴领导及其成员自己制定目标并为实现这一目标而体会到工作的意义，那么全体员工就能够在工作中找到乐趣和价值，并努力工作。我们要激励全体员工为了公司的发展而齐心协力地参与经营，在工作中感受人生的意义和成功的喜悦，实现“全员参与经营”。

四、阿米巴经营构建起伙伴关系

相较于传统组织结构中的雇佣关系，稻盛和夫在企业中导入阿米巴经营，旨在构建心心相印、相互信赖的伙伴关系，并以此为基础开展工作。在阿米巴经营体系中，同事之间并不是纵向从属关系，而是朝着同一个目标并肩前进，努力实现共同梦想的伙伴关系，建立这种横向的伙伴关系就是阿米巴经营成功导入的基础。

阿米巴经营让每个人都乐意为伙伴尽力。阿米巴经营模式倡导“全员经营”，为了伙伴竭尽全力，相互之间形成一种同志关系，愿意为彼此付出不亚于任何人的努力，这才构筑了强大的企业集团。

各个阿米巴自主核算，独立经营，阿米巴之间也会出现竞争。

如果阿米巴之间不能互相尊重、互相帮助，就不可能发挥公司整体的力量。因此，从公司高层到阿米巴成员之间，必须用信任的纽带联结起来，这样才能构建牢不可破的伙伴关系。

案例

京瓷公司的伙伴式共同经营

日本京瓷公司由一个个被称为“阿米巴小组”的单位构成。稻盛和夫在经营京瓷公司的过程中，独创了一套以“阿米巴小组”为单位的独立核算体制，各个阿米巴小组之间形成良性竞争，这是京瓷的一大特色。阿米巴经营也使京瓷公司成为声名显赫的大公司。

一、京瓷公司的阿米巴小组

“阿米巴”指的是工厂、车间中形成的最小基层组织，也就是最小的工作单位，一个部门、一条生产线、一个班组甚至到每位员工。

京瓷公司上万名员工分别从属于1000个阿米巴小组。每个阿米巴小组平均由十二三人组成，根据工作分配的不同，有的小组有50人左右，而有的只有两三个人。每个阿米巴都是一个独立的利润中心，就像一家中小企业那样活动，虽然需要经过上司的同意，但是经营计划、实绩管理、劳务管理等所有经营上的事情都由他们自行运作。每个阿米巴都集生产、会计、经营于一体，再加上各个阿米巴小组之间能够随意分拆与组合，这样就能使公司对市场的变化做出迅捷的反应。

各个阿米巴小组具体的工作方式如下：每个小组独立计算原料采购费、设备折旧费、消耗费、房租等各项费用，再由营业额和利润求出“单位时间的附加价值”。在公司内部，小组采购半成品按一般的市场价格支付，向下一小组出售也按市场价格。这样每个小组就可以向下一小组的销售计算出自己的营业额，按照各种费用的累加，计算出成本，求出利润。

二、员工把京瓷当作“自己的公司”

京瓷员工都把京瓷当作“自己的公司”，员工视彼此为志同道合的伙伴，为了公司的发展而齐心协力、共同奋斗，没有通常由权力和权威所形成的上下级关系。

管理层把员工当作经营伙伴，正是因为同事之间结成了相互理解、相互信赖的关系，在全体员工中间萌生出了真正的伙伴意识。

三、阿米巴之间如何避免恶性竞争

阿米巴的员工之间都是经营伙伴，但各个阿米巴之间也存在竞争，稻盛和夫如何避免这些阿米巴之间发生恶性竞争？

阿米巴经营的最大特色和妙处，就在于将作业系统与责任成本核算体系相结合，每一个阿米巴组织都是一个独立的核算单位。

单位时间的附加价值成为激励员工的动力。通过单位时间核算制度公式，各个部门、各小组，甚至某个人的经营业绩变得清晰透明。公司会按月公布各小组每单位时间内的附加价值，列出各个小组当月的经营状况、每个组员及小组所创造的利润及其占公司总利润的百分比等。

每个阿米巴小组的成绩虽然有排名，但公司并不因此在工资、奖金上有差别待遇。对成绩好的小组，公司始终坚持只给予他们“对公司有贡献”的荣誉。对经营业绩不佳的阿米巴，公司会严格追究责任。稻盛和夫认为这样做可以避免各个阿米巴之间恶性竞争。

在京瓷公司，阿米巴经营既提高了员工的成本意识和经营头脑，又提高了员工的职业道德和个人素质。这两方面相辅相成促成了阿米巴经营这种管理方式在京瓷的成功。

本章小结

◎ **德鲁克与稻盛和夫的相同点：**

1. 两人都重视企业组织变革。组织变革使领导者由控制者转变为赋能者，通过激起员工的工作动力，进而形成持续的创造力，员工的自主性、创造性和灵活性更好地与组织进行匹配，从而实现组织的创新和发展。

2. 两人都提倡员工自主经营，将管理的责任和权力下放。德鲁克提倡公司将管理的责任交给员工、班组和员工组成的团队，企业通过培养出有管理能力的、有责任感的员工，打造“自我管理的工厂社区”。稻盛和夫倡导将组织分成小的集团，通过与市场直接联系的独立核算制进行运营，培养具有管理意识的领导，让全体员工参与经营管理。

◎ **德鲁克与稻盛和夫的不同点：**

两人进行组织变革的方式不同。

德鲁克推行事业部制。德鲁克在组织架构上提出了“联邦分权制”（事业部制），事业部制是国内外较大的联合公司所采用的一种组织形式，这种管理架构被视为划时代的机构改革。

稻盛和夫践行阿米巴经营模式。阿米巴经营模式把公司组织划分为被称作“阿米巴”的小集体，同时把各单元的经营权下放给阿米巴领导，各个阿米巴的领导自行制订计划，并依靠阿米巴全体成员的智慧和努力来完成目标。

04

第四章

分权与授权：让管理回归简单

4

“授权”这个名词，通常都被人误解了，甚至是被人曲解了。这个名词的意义，应该是把可由别人做的事情交付给别人，这样才能做真正应该由自己做的事情——这才是有效性的一大改进。

——彼得·德鲁克

第一节
分权的效率远超过集权

德鲁克撰写的《公司的概念》一书就是以美国通用汽车公司为样本。在这本书中，“分权”成为一个非常显眼的概念，“分权”的概念也具有划时代的意义。德鲁克将分权的概念发展成为一套工业管理的理论和事业部制的体系。

当时正处于第二次世界大战期间，大部分公司采取的是集权模式。德鲁克在美国通用汽车公司担任管理咨询顾问，通用汽车公司分权政策就是“集中政策控制下的分权经营”，德鲁克经过调研发现“分权”的效率远超过“集权”，而且“分权”从战时就逐步进入了大公司的经营体系，深受经理人的欢迎。德鲁克认为，大型企业和超大型企业首选的组织模式就是事业部制。

德鲁克引介了事业部制之后，这个概念便成为世界上大部分大型企业所依循的组织原则。例如，通用汽车公司进行事业部制的组织改革之后，迅速发展成为美国乃至全世界汽车产业中的翘楚，同时把事业部制推广到了更广泛的商业世界中。鉴于通用汽车公司的成功，全球各大企业纷纷效仿，也建立起了事业部制组织结构。德鲁克的“分权”理论和实践同时推进，美国商业史进入了“管理”的时代。

一、事业部制的分权特点

在事业部制中，一家公司由若干自主经营的事业部组成。每个事业部都对自己的工作绩效和成果负责。每个事业部都有自己的管理层，这些管理层事实上在经营自己的“自治性企业”。建立“自治性企业”，必须遵循其实施规则。首先，事业部制需要强大的分部和强有力的中央。需要中央为整体设定清楚、有意义的目标，强力指导各个事业部。其次，每个事业部应该都富有成长的潜力。再次，管理者在工作上应该有充分的发挥空间和挑战。最后，各个事业部应该并行，每个单位有自己的任务、市场和产品，同时彼此竞争。

在事业部制中，集权管理和分权管理的特点体现在以下两点。

（1）“集权管理”表现为总公司的一体化集中管理。

“集权管理”体现在行政、资金、利润、风险管理四个方面。其中，行政管理方面表现为，总公司职能部门和事业部负责人对分支机构实行双重领导；资金管理方面表现为，总公司对各事业部的资金总额进行核定，各事业部只能按总公司核定的数字保留一定量的资金，多余部分需上存总公司；利润管理方面表现为，总公司定期向各事业部下达利润考核指标，各事业部据此制订出一定利润率的经营计划，报总公司批准后即要全部负责，对于自留利润，各事业部可在内部统筹使用；风险管理方面表现为，总公司对事业部的经营活动要承担法律责任，包括重大项目的运作和重要经济合同的签订。

（2）“分权管理”表现为事业部自主经营。

在事业部制中，总公司与事业部之间实行分权制。总公司决定全公司的经营目标和战略，分配事业部的资源，制定对事业部工作效率的评价标准等。“分权管理”表现为事业部自主经营。各事业部作为独立的利润中心，都实行严格的成本费用及利润核算，有一定的生产、经营权限；各事业部之间进行协作时应模拟市场交易，按照市场规律运作；事业部负责人有权任免该事业部下属各部门的负责人；事业部各下属部门和总公司（母公司）职能部门不实行上下对口管理，只对事业部负责人负责，以充分保证事业部负责人的自主权。事业部在自身产品的生产和经营方面有很大的自主权。

二、事业部制分权管理的完善

根据国内外事业部制的管理经验和实践，企业需要赋予事业部完整功能，完善事业部的分权管理，进一步明确各个层次的责、权、利，同时建立有效的激励约束机制，充分调动各个层次的积极性。

（1）完善企业总部职能，为事业部提供强有力的支持。

从整体功能定位来看，完善总部功能，着重于战略管理、企业文化建设等宏观管理工作。

第一，强化战略管理功能，清晰划分战略管理层次。即总部负责公司整体战略的制定，决定公司的发展方向和经营领域；各事业部负责业务层次战略的制定，根据业务投资组合，决定业务的竞争战略。

第二，调整综合管理部门的职责范围，实现企业总部职责分层次设计。企业总部的决策和管理，大部分通过各种专业小组以矩阵方式进行，这种团队式的工作小组，更有利于组织的快速决策和反应。

第三，强化企业文化建设。形成企业文化建设的体系格局，重新定义公司的核心理念，统一制定公司宣言和行动纲领，加强文化引导和灌输，以简单清晰、特色突出的描述影响员工的行动，甚至影响员工的文化信仰层次等。

（2）推进事业部职能到位，实施分权管理。

从事业部职能定位上，事业部最终应成为利润中心或者投资中心。事业部在公司总体战略指导下，负责制定业务层次的竞争战略，确定具体的实施计划和方案；统筹、协调、管理和指挥本事业部内的生产、研发和营销活动，对利润和回报率负责；及时向总部反映市场变化信息，积极配合总体战略计划的制订等。

在事业部制中，企业将责权划分进一步细化到每个事业部和岗位，可通过编制统一的授权手册或与各级人员签署意向书，明确每个岗位（职位）的任务、责任和权限等，有效实施分权管理。

第二节 决策权应该尽可能地下放

决策在现代企业管理中有着重要的地位和作用。管理就是决策，决策是管理的中心。决策贯穿管理过程的始终，存在于一切管理领域，存在于管理中的每一个方面、每一个层次、每一个环节；决策不仅确定管理的方向和目标，还为达到管理目标提供行动方案，并优化方案。

一、决策权下放，将领导层从日常事务中解放出来

很多企业在创业早期，采取直线式管理，企业负责人既抓销售

又抓生产，这种集权式管理曾发挥过“船小掉头快”的优势，但是当企业规模扩大以后，生产仍由企业总部统一管理，由总部统一销售，就容易造成产品生产和销售脱节。

在经济全球化的今天，发展壮大的中国企业开始采取事业部制。企业在向客户提供服务时，需要拥有几乎完全独立的自主权，独立的程度超过了传统意义上的分权化管理方式。每一个事业部经营者都成为“老板”，企业的其他部门围绕事业部经营者的指令开展工作。

德鲁克主张减少组织决策层级与授权，将决策权交给员工。他说：“决策权应该尽可能地下放，并尽可能地由负责行动的人来做出决策。”

事业部拥有更大的自主权和决策权，有利于企业最高领导层摆脱日常行政事务和具体经营工作的繁杂事务，同时又能使各事业部发挥经营管理的积极性和创造性，从而提高企业的整体效益。各事业部自主经营，责任明确，使得目标管理和自我控制能够有效地进行，在这样的条件下，高层领导的管理幅度可以适当扩大。

二、决策权下放，给员工带来极大的激励

企业将决策权交给员工，将带来极大的激励作用。

第一，增强员工的凝聚力。企业组织的特点是把来自五湖四海的人统一在共同的组织目标之下，使之为实现企业发展目标而努力。因此，企业组织的成长与发展壮大，依赖于组织成员的凝聚力。员工激励则是形成凝聚力的有效举措。有效的激励，可以使组织目标成为员工追求的信念，进而转化为员工奋斗的动力，并推动员工为实现组织目标而努力。

第二，提高员工的自觉性和主动性。企业通过激励，可以使员

工认识到在实现组织效益最大化的同时，也可以为自己带来切实的利益，从而将员工的个人目标与组织目标统一起来，有效激发员工的主动性和创造性。

第三，挖掘员工潜力。企业通过激励，可以使员工充分挖掘潜力，不断提升自己的工作能力和绩效，激发员工持之以恒的工作热情。

彼得·德鲁克说："管理者要做的是激发和释放人本身固有的潜能，创造价值，为他人谋福祉。这就是管理的本质。"

企业管理者的最大任务不是对人的控制，而是最大限度地进行员工激励。即通过各种有效的手段和措施，对员工的各种需求予以不同程度的满足，以激发员工的需要、动机、欲望，从而使员工保持饱满的热情和积极的工作态度，充分挖掘潜力，全力达到预期目标。

真正的管理不是控制，而是释放。企业将决策权下放，通过激发员工的潜能，鼓励员工敢于创新，不断创造价值，这才是管理的本质。

第三节 稻盛和夫如何有效分权

稻盛和夫创立京瓷公司，并且使公司快速发展。他希望尽可能多地培养出像自己一样承担公司经营责任，并具有作为"共同经营者”意识的领导者。稻盛和夫的想法是“如果能像《西游记》里的孙悟空一样，拔下自己的毫毛吹一下，就能变出无数个分身就好了……”

一、阿米巴经营就是一种量化分权模式

稻盛和夫认为，企业根据需要把组织划分成若干个小单元，把公司重组成类似一个中小企业的联合体，把各单元的经营权下放给阿米巴领导，从而培养具备经营者意识的人才。

稻盛和夫独创的阿米巴经营，其本质是一种量化分权模式。稻盛和夫所说的下放企业经营权，其实质是企业分权与集权的统一。首先，战术层面的分权，通过阿米巴经营划分出若干个独立核算、自主经营的阿米巴，以此调动员工的积极性，全员参与；其次，战略层面的集权，企业领导者依然掌控公司战略发展的方向。阿米巴经营的分权是在集权领导下的分权，阿米巴经营的集权是在分权基础上的集权。

二、阿米巴经营如何有效分权

稻盛和夫如何有效分权，总结为如下三个要点：

第一，以各个阿米巴的领导为核心。企业给阿米巴领导人授权，让其自行制订各自的计划，并依靠全体成员的智慧和努力来完成经营目标。通过这种做法，生产现场的每一位员工都成为主角，主动参与经营，进而实现“全员参与经营”。

第二，每个阿米巴组织都像一家小企业。在阿米巴经营模式中，阿米巴组织自主经营、独立核算，阿米巴组织就像一家小企业，有经营者，有销售额、成本和利润。企业不仅考核到阿米巴组织领导人，而且考核到每位成员每小时产生的附加价值。这样就可

以真正落实“全员经营”的方针，发挥企业每一位员工的积极性和潜在的创造力。

第三，每个阿米巴组织都承担销售责任，人人都是经营者。阿米巴经营把“销售额最大化，费用最小化”作为经营的原点，以每个阿米巴组织甚至每位员工为统计销售额与费用的单位，使得每个人都为降本增效、开源节流做出贡献。阿米巴经营把原本属于企业的事、销售部门的事，变成了企业每个阿米巴每个人的事情，从而激发员工的潜能，帮助企业持续盈利。

第四节
全员参与经营的力量

在阿米巴经营中，稻盛和夫不是追求简单的分权，他追求的是“全员参与经营”，让人人都成为经营者。“阿米巴经营”能够提高员工参与经营的积极性，增强员工的动力，为了公司的长远发展，每个人都竭尽全力。

为了鼓励员工的创造性和积极性，稻盛和夫要求每个阿米巴都独立自主地开展经营，每个人都为经营出谋划策，并参与制订经营计划。阿米巴经营并非少数人的经营，而是全体员工共同参与经营。当每个人都通过参与经营而得以实现自我，全体员工全力以赴地朝着一个目标努力的时候，企业的目标就能得以实现。

如果每一位员工都能在工作岗位上全力以赴，为所属的阿米巴乃至为公司整体做出贡献，如果每一个阿米巴领导通过制定经营目标，并为实现这一目标而付出不亚于任何人的努力，那么他们就能够在工作中找到乐趣和价值，体会到工作的意义，就会积极主动地参与经营活动。

一、全员参与经营的前提条件

全员参与经营有两个前提条件。

第一，企业经营者的宽阔胸怀和人格魅力，激发员工参与经营的意识。稻盛和夫认为，企业经营者必须具备“在追求全体员工物质和精神两方面幸福的同时，为人类和社会的进步与发展做出贡献”的明确信念。企业领导人的公平无私是调动员工积极性的最大动力，能够激励全体员工为了公司的发展而齐心协力地参与经营，也是实现全员参与经营的首要条件。如果一个企业的领导人自私自利、刻薄多疑，全员参与经营就无从谈起。

第二，遵从共同的经营哲学理念。稻盛哲学里有“以心为本的经营”“伙伴式经营”“玻璃般透明的经营”以及“动机至善，私心了无”等内容。稻盛和夫在京瓷公司、日本航空公司导入阿米巴经营时，首先要进行经营哲学的宣贯教育，目的是让全体员工形成共同的经营哲学理念和价值观。

在实施阿米巴经营时，需要协调利己和利他、协调部门利益和整体利益的辩证法，需要“作为人，何谓正确”这种高层次的哲学，这是实现全员经营的基础。如果各个“阿米巴”以及“阿米巴”内部的每一位成员，只考虑自己的业绩，缺乏为别人、为别的“阿米巴”以及为企业整体着想的“利他之心”，全员经营就难以落地。

二、全员参与经营的要点

阿米巴经营模式能够实现“全员参与经营”，主要采取以下五个步骤：

第一，每个阿米巴都是一个独立的利润中心。每个阿米巴都像一家中小企业那样活动，虽然需要经过上司的同意，但是经营计划、实绩管理、劳务管理等所有经营上的事情都由他们自行运作。

第二，每个阿米巴都集生产、会计、经营于一体，再加上各个阿米巴小组之间能够随意分拆与组合，这样就能让公司对市场的变化做出迅捷的反应。

第三，阿米巴不仅进行成本管理，还要想方设法地把实际成本做到比标准成本更低，以最少的费用实现订单，以最少的费用创造最大的价值，从而实现附加值的最大化。通过这个过程，阿米巴组织成为一个不断挑战的创造性团队。

第四，各个小组所创造的利润及占公司利润百分比的情况一目了然。通过单位时间核算制度公式，各个部门、各小组，甚至每个人的经营业绩变得清晰透明。阿米巴经营是一种全员参与的经营体系，每位员工都要充分掌握自己所属的阿米巴组织目标，在各自岗位上为达到目标而不懈努力，在工作中实现自我。

第五，使员工对自己的工作成果有实实在在的了解，从而激励员工更加努力地工作。

阿米巴经营模式实现全员参与经营，形成一股强大的力量，既提高了员工的成本意识和经营头脑，又提高了员工的职业道德和个人素质。这两方面相辅相成，使导入阿米巴经营的京瓷公司、日本航空公司都获得了快速发展。

第五节
有效授权，持续提高经营效率

授权，即为了追求企业的整体利益而给予员工更多参与决策的权力。其出发点是企业自上而下地释放权力——使员工自主工作、自主经营的权力。

关于授权，德鲁克有一套理念和方法。德鲁克认为，有效的管理者应该着眼于全局，而不是让自己成为一个"全能"的领导。若不适当授权，一方面阻碍了下属的积极性，另一方面也容易失去员工的信任。

德鲁克在《卓有成效的管理者》一书中明确指出："授权"这个名词，通常都被人误解了，甚至是被人曲解了，这个名词的意义，应该是把可由别人做的事情交付给别人，这样才能做真正应该由自己做的事——这才是有效性的一大改进。

一、学会授权给部属，解放自己

如何对知识型员工进行最简单有效的管理？德鲁克认为："让经理人狂热工作的唯一方法就是给他们更多的自由和责任。"这句话诠释了管理的真谛，那就是要学会授权给部属，解放自己，激活部属，走出大包大揽、忙忙碌碌的管理误区。

事业部制是一种打破集权的分权体制，事业部则是一个自主经营、独立核算的业务单位，事业部负责人需要根据市场状况做出经营决策。所以，事业部应取得配套权限，这就涉及公司总部如何向下授权的问题。

企业总部放权，即企业总部与事业部之间做好权限划分，这是事业部制得以确立及有效运行的保障。恰当授权、配套授权是事业部制持续发展的必要手段。而对事业部授权不当，将直接影响事业部决策及一线运营效率，降低团队积极性，甚至导致事业部制模式功亏一篑。

对于企业家来说，不要总想一个人独揽大局，需要建立人才梯队，培养和复制核心人才，然后授权给他们去自主经营、独立核算，并对自己的表现负责。帮助下属成功就是帮整个公司成功，也是个人的最大成就。决策者通过有效的授权，可以将一些琐碎的、程序化的事情交给下属，让自己有足够的时间专注处理重要的、有挑战性的任务。这样可以提高工作效率，降低工作成本，还能提高员工的积极性和创造性。从长远来看，有利于为企业培养更多具有经营意识的人才。

二、目标管理中的授权

在企业管理研究与实践中，德鲁克总结和归纳出管理的两大原则：专门化与人性化。企业除了应遵循专门化管理的原则，还要设法注入人性化的技巧，才可使经营效率达到最佳状态。

管理的最终目标在于提高经营绩效，管理者在进行种种决策、运用资源及协调工作上，需要有授权与目标管理的观念，管理者有效授权才可达到专门化与人性化的两大原则。

在目标管理中，授权的必要性表现如下：

第一，授权是完成目标责任的基础。权责统一，才能保证员工有效地实现目标，提高经营效率。

第二，授权是调动员工积极性的需要。目标管理对人的激励，是通过激发员工的动机，将员工的行为引向目标来实现的。目标是激发这种动机的诱因，而授权是实现目标的条件。

第三，授权是提高员工能力的途径。目标管理是一种能力开发体制，这主要是通过目标管理过程中的自我控制、自主管理实现的。要实行自我控制与自我管理，目标责任者必须有一定的自主权。这样将促使目标责任者对全盘工作进行总体规划，改变靠上级指令行事的局面，有利于目标责任者能力发挥并不断提高。

第四，授权是增强员工的应变能力和经营意识的重要条件。现代管理环境情况多变，要求管理组织系统有很强的适应性和应变能力，而实现这一点的重要条件就是各级管理者手中要有经营自主权，这样才能提高管理者的经营意识。

三、企业领导者的授权艺术

企业领导者的授权艺术，关键在于授权的灵活性，即领导者应根据特定的环境和条件，灵活运用各种方法和技巧，最终实现科学有效的授权，取得理想的领导效果。

企业领导者的授权艺术，体现在以下三个方面：

（1）扩大管理幅度，减少组织层级，实现组织的扁平化发展。

传统的组织结构是科层制组织形态，其组织层级增多，机构臃肿，从而导致组织的控制、沟通以及协调性极差，难以适合互联网时代的快速运作。

德鲁克所提倡的事业部制是倒三角组织架构，能够扩大管理幅度，减少组织层级，实现组织的扁平化发展，这也是现实环境的实践需要。管理幅度的扩大在某种程度上取决于领导的授权程度。如果领导者善于把自己的管理权限灵活地授予下属，让下级充分享有自主权，则领导者本人需要处理的事情就相对减少，管理幅度自然就可扩大，组织层级亦可减少，从而有利于现代组织扁平化发展目标的实现。

（2）科学有效的授权，确保领导行为的科学性和有效性。

三国时期，诸葛亮可谓聪明绝顶之人，军国内外万机之务，事无巨细，莫不归他所管。但他这种不分巨细、事必躬亲的领导作风，不仅没有挽救蜀汉的危亡，反而使得自己陷入“鞠躬尽瘁，死而后已”的悲壮境遇。

在传统的金字塔组织架构中，领导者事必躬亲的领导方式已经不能适应移动互联网时代的要求。如果企业领导者不能分清工作的重点和关键，整天忙于处理工作中的琐屑小事，只会是“丢了西瓜，捡了芝麻”，严重影响领导行为的科学性和有效性。因此，企业领导者应该进行科学有效的授权，减轻自己的工作负担，从而专注于企业战略规划，确保在关键事项上的工作效率。

（3）科学有效的授权，提高下属员工的工作热情。

根据马斯洛的需求层次理论，处于最高层次的需求是“自我实现”。如果一个员工长期处于领导者的机械命令支配下，将会情绪低落，容易产生厌倦反应，引起上下级之间关系的僵化和紧张，严重影响工作效率。

因此，企业领导者要用合理科学的授权，让下属在一定的约束机制下充分发挥自身的潜力和主观能动性，积极主动地完成工作，从而满足自我实现的需要。企业领导者在充分调动员工工作热情的同时，也赢得了下属员工的尊敬，改善了整个企业组织的工作环境。

第六节
授权的边界

稻盛和夫在《阿米巴经营》一书中阐述，公司规模扩大，光靠经营者和各部门负责人管理整个公司，感觉力所不能及的时候，就可以把组织细分成几个小的作业单位，让他们独立核算，那里的领导人就能正确地把握自己单位的情况。

这就是稻盛和夫渴望授权给员工的原因。被授权经营，单位领导人就会产生“自己也是经营者一员”的意识，就会萌生作为经营者的责任感，尽力去提升自己部门的业绩。从员工的“要我干”的立场变成领导者“我要干”的立场，这种从被动到主动的转变就是经营者意识的开始。

一、如何把握授权的边界

稻盛和夫对授权管理也格外重视。稻盛和夫认为，人总有鬼迷心窍的时候，也会犯错误。所以在公司内部确立了双重确认原则，即采购、财务、印章等方面的管理，需要至少两人监督确认。此外，京瓷公司也提倡领导要身先士卒，不能完全放权给现场。所以京瓷的授权管理，可谓收放有度。

授权给企业员工，即赋予他们更多额外的权力，尤其是阿米巴组织独立经营、自主核算的权力。从阿米巴经营的角度来看，授权是为了消除妨碍员工们更有效工作的种种障碍，使员工在从事工作时能够行使更多的控制权。

企业家学会授权，就需要明确授权的边界，做好应急预案。例如，阿米巴领导要了解员工做这件事的时候会遇到什么情况，在员工思考回答的基础上，明确什么情况下需要请示，什么情况自己做主。这是在明确授权的边界。

二、阿米巴领导人如何授权

稻盛和夫创立阿米巴经营，就是追求实现“全员参与经营”，这就涉及企业与阿米巴组织之间、阿米巴组织内部的授权问题。

阿米巴领导人如何授权，主要有如下四点：

（1）授权有度，依据员工的能力授权。

阿米巴组织的授权，意味着上级阿米巴领导者将自身一部分权力委授给下级阿米巴或员工去开展某一项具体工作，从而在一定程度上接受权力的下级就代表了上级领导者甚至是整个阿米巴组织的意志和行为。下级员工能力的强弱将直接决定授权目标能否实现。

因此，阿米巴领导人在授权前，应对下级阿米巴或员工的实际能力进行系统、科学的考察，按照下级员工所掌握的资源或能力进行适度合理的授权，防止出现超出下属能力范围的过度授权，避免盲目委授权力，给阿米巴组织以及企业带来不必要的损失。

阿米巴经营中的合理授权，即遵循“疑人不用，用人不疑”的原则，对具备实际能力的下属员工予以充分信任，放手让他们大胆独立地完成任务，并帮助其创造良好的条件，这就是阿米巴经营的精髓。

（2）明确权责，责权同授。

权责统一是管理学的一个重要原则。在阿米巴经营中，权责明确，权责同授亦是一个重要原则。

阿米巴领导人授权的事项必须明确，要让下级阿米巴或员工清楚地知道他的工作是什么，他有哪些职权，对工作的完成负有哪些责任，他必须做到什么程度，等等。

如果在阿米巴经营中，权责不明确，或者出现授责不授权的情况，只能导致下级阿米巴的工作因缺乏必要的权力而难以开展，或者授予下级的权力过大而缺乏相应的责任约束，可能脱离企业领导的控制。

因此，阿米巴领导人科学授权必须坚持权责统一的原则，以必要的责任约束下属的权力，使得整个授权行为都围绕授权目标而展开，确保授权的有效性。

（3）实行适度监控，可控授权。

阿米巴领导者适当地向下级阿米巴授权以后，更应时刻关注全局计划进程，对可能出现的偏离目标的局部现象进行协调，对被授权者实行必要的监督和控制。

例如，上级阿米巴领导者对授权对象建立有效的控制，首先应当确保上下级之间沟通渠道的畅通：上级阿米巴领导者应当陈述决策内容，明确授权含义；而下级阿米巴或员工则应当经常向上级报告具体工作进程和工作计划，明确工作目标。

有效授权控制还应包括经营权力的回收问题，即当下级阿米巴或员工工作严重失误时，上级阿米巴领导人应立即收回经营权力或完全接手工作。

（4）以级授权，逐级授权。

企业经营中，强调领导和管理过程中的上级领导下级，下级服从上级的层级原则。阿米巴经营的授权，也不能违背这一原则，即上级阿米巴领导者不能越级授权，且授予下级的权力应当在自己的职权范围内，不能将自己所不具有的权力授予下级。

如果在经营过程中，出现上级领导者授予下级超越自己职权范围的权力，就会严重扰乱正常的上下级关系，引起阿米巴组织管理混乱。

因此，在阿米巴经营中，进行组织授权时应坚持以级授权，逐级授权的原则，防止越级授权的出现。

案例

华为：让一线呼唤炮火

以华为为首，一批中国领袖级企业正在发起一场管理变革，从释放基层单元的活力着手，从整体上推动公司快速适应市场变化。

华为公司不断推进组织变革，下移管理重心，推动机关从管控型向服务型、支持型转变，加大向一线的授权，让听得见炮火的组织更有责、更有权；让最清楚战场形势的主管指挥作战，从而提高整个组织对机会、挑战的响应速度。同时，华为公司将加强在一线作战面的流程集成，提升一线端到端的效率，使客户更容易、更方便与华为公司做生意。

华为的组织变革趋势，体现在以下四个方面：

一、让一线呼唤炮火

华为聘请第三方咨询机构为自己设计了基于客户导向的研发、供应链和财务流程，前端的市场流程则借鉴美军的新军事变革成果，“让一线呼唤炮火”，并实现了后端平台与前端流程的对接。即要让那些掌握机会的人来指挥作战，而不是那些掌握资源的人来指挥作战。

建立以项目为中心的运作机制，向基层释放更大的权力。华为公司努力做厚客户界面，以客户经理、解决方案专家、交付专家组成的工作小组，形成面向客户的“铁三角”作战单元，有效地提升了客户的信任，较深地理解了客户需求，关注良好有效的交付和及时的回款。铁三角的精髓是为了目标打破功能壁垒，形成以项目为中心的团队运作模式。

二、一线“铁三角”要具备敢打能打的能力

华为的“铁三角”可以说就是三只小狼，整天盯在客户身边，靠敏锐的嗅觉和恒久的毅力，一旦发现机会，就开始呼唤炮火。

关于一线的作战，华为创始人任正非说，要从客户经理的单兵作战转变为小团队作战，要加强各方面的综合能力：

1. 客户经理要加强营销四要素：客户关系、解决方案、融资和回款条件交付的综合能力，要提高做生意的能力。

2. 解决方案专家要一专多能，对自己不熟悉的专业领域要打通求助的渠道。

3. 交付专家要具备能与客户沟通清楚工程与服务的解决方案的能力，同时对后台的可承诺能力和交付流程的各个环节了如指掌。

4. 其他非主业务的人员，要加强对主业务的了解，了解达不到一定深度的，不能成为管理干部及骨干。

通过“铁三角”模式，华为激发出全体干部和员工的活力，使组织生龙活虎，更好地为客户创造价值。

三、前线“最高权力机构”——片区联席会议

华为的战场有很多，都在呼唤炮火，那么，资源怎么配置？为了解决这个问题，华为设立了前线“最高权力机构”——片区联席会议。这是模仿美国的参谋长联席会议而建立的。

美国军事权力最高机构是参谋长联席会议，而不是空军司令部、海军司令部或陆军司令部。华为把所有其他机构都变成了后勤，包括研发、生产、设计、人力资源等部门。

华为有三个“一切”：一切为了前线，一切为了客户，一切为了胜利。这是华为流程的特征。有了这三个“一切”，没有攻不下来的山头。

四、赋能授权一线员工，保证前线战斗力

为了保证前线的战斗力，还要不停地为前线人员赋能授权。

赋能就是要让忠诚的士兵有机会成为专家或将军。从普遍意义上说，最重要的是基于流程和场景的岗位赋能。

华为的员工都在岗位上经过摸爬滚打，积累了一定的经验，但没有整体方法论的指导，也没有进行系统性的学习。因此，需要把一些人抽回来赋能，再重新走向岗位。同时这些员工也可以通过网络等平台提供的自学资料，进行自我赋能。

从角色分类来说，岗位赋能有职位转身赋能、专家赋能、干部赋能，以及给英雄和破格提拔者等特殊人群赋能。

经过了战场的实践历练，又经过了强化培养，这些员工重新回到战场时就有了理论联系实际的能力。

这种“一线呼唤炮火”的组织活力，也正是华为成为科技巨头，并成为国内企业界的标杆和旗帜的动力之源。

本章小结

◎ **德鲁克与稻盛和夫的相同点：**

两人都重视分权管理。德鲁克认为，有效的管理者应该着眼于全局，而不是让自己成为一个“全能”的领导，应该让员工分担管理的责任。稻盛和夫认为，人难免会犯错误，所以在公司内部确立了双重确认原则，即采购、财务、印章等方面的管理，需要至少两人监督确认。

◎ **德鲁克与稻盛和夫的不同点：**

两人进行分权管理的方式不同。

德鲁克提出通过事业部制进行分权管理，包括按产品、按地区、按顾客（市场）等来划分部门，设立若干事业部，让这些事业部管理者独立经营，自我管理。

稻盛和夫通过阿米巴经营进行分权管理，将庞大的企业分解成若干个阿米巴，赋予每个阿米巴以经营权、定价权、决策权，在企业内部引入市场机制，让众多的阿米巴都活跃起来，成为企业的利润中心。

05

第五章

激活核心人才：培养经营者的分身

5

经理人是企业中最昂贵的资源，而且也是折旧最快、最需要经常补充的一种资源。企业的目标能否达到，取决于经理人管理的好坏，也取决于如何管理经理人。

——彼得·德鲁克

第一节
企业器重的核心人才

彼得·德鲁克认为，组织的目的是使平凡的人做出不平凡的事。组织不能依赖天才，因为天才稀少如凤毛麟角。考察一个组织是否优秀，要看其能否使平常人取得比他们自认为更好的绩效，能否使其成员的长处都发挥出来，能否利用每个人的长处来帮助其他人取得绩效。

组织不能依赖天才，而要器重核心人才。核心人才是企业人才队伍中高价值的部分，是企业竞争能力和经济效益的主要创造者和驱动者。他们拥有杰出的经营管理才能、高超的专业技术能力和丰富的操作经验，在关键岗位上对员工队伍发挥着引领作用。既能支撑企业战略发展，适应业务转型需要，又能主导企业重大项目或掌握核心技术，解决企业重大和疑难问题。

一、卓越有效的领导者具有哪些特征

对于人才，德鲁克是这样定义的："有效领导的基础是对组织的使命进行全面思考，并且要清晰明确地定义和建立组织使命。领导者要确立目标、明确优先权、确定并保持标准。"

德鲁克认为卓越有效的领导者必须符合以下特征：

第一，企业领导者要将领导视为一种责任，而非职位或者特权。首先，企业领导者决定组织的高效运转。其次，领导者有责任为企业和员工指引发展方向，鼓舞人心。最后，在企业遇到危机的情况下，一个优秀的领导者有责任用他的能力和影响力带领企业摆脱危机。

第二，企业领导者能为所有人提供帮助，让每个人都可以成功。作为企业领导者，需要把员工视为可成长的人，真心帮助员工成长，就是在成就员工。员工在成长的过程中，会对企业加深了解，对企业的各种流程也会更熟悉。通过这个过程，员工产生成就感和归属感，也更愿意加入到团队中来。

第三，有效的领导者最重要的任务是开发人的潜能，并让这些能量为团队所用。身为领导者，一定要学会挖掘员工的潜能，让他们提出更好的构想，充分发挥自己的才能。

第四，有效的领导者还需要赢得信任，否则他就不会有追随者，并且，领导者的唯一定义就是拥有跟随者。信任一个领导者并不一定要喜欢他，也不必要总是与他意见一致。信任是坚信领导者言行一致。

二、核心人才的界定方式

核心人才不仅具有企业人才的特点，还具有其特殊性。核心人才具有比其他员工更强的竞争性，必须建立有利于核心人才彼此合作的创造性方式。在企业中，往往是 20% 的核心人才创造了 80% 的效益。

核心人才的重要性不言而喻，那么核心人才有哪些界定方式呢？

（1）核心人才稀缺性和核心人才价值矩阵法。

这种方法从两个维度来区分人力资源的核心程度：一是核心人

才的稀缺性；二是核心人才的价值。所谓核心人才的稀缺性，指的是企业很少拥有的或者企业很难短期培养的人才；所谓核心人才的价值，指的是成本收益比很高的人。根据这两个维度，企业可以把自己的人力资源分为四种组合：第一种是价值很低也不稀缺的人力资源；第二种是价值很高但不稀缺的人力资源；第三种是价值很低但很稀缺的人力资源；第四种是价值很高也很稀缺的人力资源。往往将最后这种组合的人力资源定义为核心人才。

（2）高价值、高绩效、高素质。

核心人才一般具备“三高”（高价值、高绩效、高素质）特质。核心人才是企业的核心价值。在企业发展过程中，核心人才通过其高超的专业素养和优秀的职业经理人操守，为企业做出卓越贡献。

高绩效的核心人才能够批判性、创造性、战略性地思考问题，这样能够发挥他们最大的潜力。他们往往对那些能够拓展他们的才智、满足他们成就感的工作非常感兴趣。

核心人才一般具有相对良好的教育背景，具备优秀的职业素养，是企业中最富活力的群体，而且倾向于拥有灵活、自主的组织结构和工作环境。

核心人才所处的位置、所扮演的角色、所担当的责任、所发挥的作用具有特殊性。他们要么掌握企业的经营决策大权，要么是处在企业业务链条中的关键环节。对于企业来说，他们是难以轻易替换的员工。

（3）拥有核心能力以及企业战略实施不可或缺的人。

核心能力是一个专门的概念，指的是能够驱动或直接给顾客带来特别价值的技术与知识，它是能够帮助企业获得竞争优势的关键能力。有差别和有竞争力是核心能力的关键特征。

（4）按照管理层级或者职位层级来确定核心人才。

企业根据管理层级或者职位层级的高低来确定核心人才。例如，在企业中，层级越高的管理者，就越有可能被视为核心人才。这样的职位即肩负更大责任，发挥更大作用，对企业竞争起到更深远的影响的职位。

（5）按照业绩高低来确定核心人才。

企业根据员工的历史业绩和当前业绩来确定核心人才。对公司主要业绩高低产生着决定性影响或作用的人就可能被视为核心人才。

（6）按企业战略周期来划分核心人才。

依据不同战略周期，企业所需要的核心竞争力的类别和强度不同，对所需的核心人才队伍的种类、结构和数量也会有差异化要求。根据这种方法，可以明确划分出不同时期所需的核心人才。

企业不同战略阶段所需要的核心人才，往往由企业的产品差异、业务模式差异和行业竞争需求差异所决定。

三、核心人才的复制能力决定了企业发展能力

企业核心竞争力本质上是在战略、人才、管理、技术等基础上形成的保持企业长期竞争优势的能力，其中获得人才优势是打造企业核心竞争力的关键环节。要获得人才优势，企业需要关注核心人才的复制能力。

一家企业的核心人才复制能力决定了这家企业的发展能力。企业的发展能力，也称企业的成长性，它是企业通过自身的生产经营活动，不断扩大积累而形成的发展潜能。核心人才的复制能力对企业发展能力具有决定性作用。越来越多的企业为了获取人才优势，提升企业核心竞争力，把企业的关注点聚焦在核心人才的复制上。

核心人才的复制能力的提升是企业发展能力提升的前提。核心人才复制是在现有核心人才正在发挥作用时做好人才储备，当现有核心人才出现变动时，能及时将储备的人才补充上去，保证企业人力资源的延续性。企业需要建立核心人才复制的管理机制，提高各类人才的积极性，在保留核心人才的基础上，有计划、有步骤地对后备人才进行培养，确保各类人才持续供给，从而不断提升企业核心竞争力和可持续发展能力。

企业要快速发展，就要突出创新驱动，加快转型升级，企业间的竞争已从比拼自然资源发展到比拼人才。对于企业来说，创新是企业的灵魂，技术是企业的核心，产品是企业的主导，这也是企业提升核心竞争力的关键，而这一切的主体是核心人才。这就要求企业必须在人才管理方面不断地创新，打造一个既有创新力又具学习性，并且是高素质、高能力、高凝聚力的核心人才队伍。

第二节
培养与开发未来所需要的人才

德鲁克说："任何一个组织对成效的要求往往表现在以下三个方面：直接成果；树立新的价值观以及对这些价值观的重新确认；培养与开发未来所需要的人才。"

培养与开发未来所需要的人才，其意义首先在于提升企业自身的人才内生能力，从而抢先获得市场竞争所需要的人才优势。没有人才优势，哪里来的竞争优势？其次，通过复制核心人才、打造核心人才队伍来最大限度地提升人才的价值，即人力资源的效益，提高人才的产出。

一、培养经营人才的重要性

彼得·德鲁克认为，经理人是企业中最昂贵的资源，也是折旧最快、最需要经常补充的一种资源。

企业的目标能否实现，取决于经理人管理的好坏，也取决于如何管理经理人。同时，企业对其员工的管理如何，对其工作的管理如何，也主要取决于经理人的管理及如何管理经理人。

德鲁克强调，认真负责的员工确实会对经理人提出很高的要求，要求他们真正能胜任工作，要求他们认真地对待自己的工作，要求他们对自己的任务和成绩负起责任来。

第一，管理不是“管理人”，而是“领导人”。管理者的任务是发现每位员工的长处，把合适的人放在合适的位置予以培养，激发、释放员工的潜能。管理者应该运用策略支持员工工作，而不是贴身地管控员工、监督员工。

第二，经理人要明确权力和责任，明确地授予员工一定的工作权限，以及他的决策范围，由此激发员工的潜能。经理人要慎重地设计下属的工作，让员工从工作中找到成就感，让工作本身驱动他们付出。

第三，经理人的领导力。德鲁克看重领导者的品质，他认为领导者一定要有追随者。下属追随领导者，主要是因为领导者言出必行，以身作则；因为领导者的目标清晰，对每个人都公平、公正；因为他信任你，认同你的领导。经理人依靠自身的领导魅力赢得认同，而不是领导的权力。

第四，经理人要具备创新和企业家精神。德鲁克认为，创新是企业家的基本素质，而创新的要诀是学会放弃，放弃一些没有前景的、浪费资源的项目，释放出宝贵的人力，继而开展创新。

第五，关注经理人的经济任务和责任。德鲁克主张，管理的职业和实践具有道德意义。首先，经理人的工作会对企业员工的发展和福祉产生深远的影响。其次，企业的行动和决策会对社会产生影响。因为企业经理人具有这种程度的影响力和权力，所以德鲁克主张赋予他们诚实正直行事的专业责任、理智的判断能力、果断决策的勇气，以及“尤其是，不要明知其害而为之”。

德鲁克相信，被委托履行企业经营责任的经理人，必须兼顾公共利益，认真对待该责任。他断言，管理者必须使自身利益服从公共利益，并集中精力履行对社会的责任——符合公共利益，坚定社会的基本信仰，促进社会稳定、发展、和谐。所有管理、每个决策、每次行动都必须立足于对公众的责任。

在德鲁克撰写《管理的实践》一书时，提出企业机构有责任创造一种环境，在这种环境中，人类得以发展，个人得以自我实现。要使之成为现实，经理人的责任就是，首先承认雇员是一个人、一个“复杂的主体”。德鲁克赋予经理人的责任，还包括创造一种组织结构，使身处其中的雇员能够高效率、有效地履行职责，该组织内的工作是适度的和具有挑战性的，并且有助于员工的成长和发展。

二、如何培养与开发未来所需要的人才

人才培养是企业家和企业人力资源管理者的核心战略任务。企业要培养与开发未来所需要的人才，必须建立核心人才培养和开发机制，使核心人才成为企业核心竞争力最重要的手段。核心人才队

伍培养是一个长期、系统的工程，需要一套完善的机制来保证。核心人才培养机制具有系统性、持续性和多元化的特点。

（1）人才培养机制的系统性。

人才培养是一项系统工程，要靠长期持续的系统培养。企业要构建核心人才培养平台和机制，协同推进核心人才开发规划，增强核心人才发展的系统性和科学性。核心人才开发要遵循系统培养的规律，在核心人才开发类别上，既要重视高层次人才，也要重视技能人才；在人才年龄结构上，要重视青年人才培养选拔，形成老、中、青梯次搭配。

（2）人才培养机制的持续性。

人才培养是企业的一项重要长期规划，而不是短期行为。人才培养需要持续性，需要不断地巩固和强化。企业需要扭转对人才重使用、轻培养的旧习惯。企业可持续发展的关键是要保证人才开发的可持续性，否则，将会影响企业发展战略目标的实现。

在学习机制保障方面，首先是要确保人才培养体系和企业战略紧密结合与持续同步，只有这样才能让核心人才培养跟上企业发展。

其次是组织保障。只有把人才培养机构纳入组织架构，把人才培养放到管理环节中，才能保障人才培养的可持续性。

最后，建立持续改进的机制。即需要有一个不断回顾、反思、修正，再改进、再持续前进的人才培养机制，这样才能保持人才培养和市场需求同步。这个机制的构建不仅是为了培训核心人才的工作，更要与企业整体架构和战略相关联，跟随战略体系调整和改进，使人才培养持续改进机制成为整个组织持续改进的一部分。人才培养机制的持续改进也将促成组织的改进，提升组织的持续改进能力。

（3）人才培养机制的多元化。

核心人才培养的多元化路径，是决定企业健康、稳定向前发展的关键所在。构筑多元化的人才培训体系，可以培养企业所需的各类核心人才，努力营造人才辈出、人尽其才的制度环境。

（4）建立有效的人才开发激励机制。

建立有效的人才开发激励机制，需要遵循组织目标和个人目标相结合、物质激励与精神激励相结合、正激励与负激励相结合、激励与约束相结合，以及按需适时激励等基本原则。企业采取多种形式的激励手段，充分激发人才的潜能，确保激励机制的合理性和实效性。人才开发激励机制的方式多种多样，物质激励和精神激励是人才激励机制中最为常用的两种激励手段。

建立有效的人才开发激励机制，能够满足人才多样化的需求，提升整体内生动力，为人才的内生提供制度保障。

第三节
德鲁克人才管理的六项原则

一、人才管理重在创造优良环境

很多企业在人才管理方面面临诸多困难：人才结构、竞争力和综合技能难以满足企业发展的需要；关键岗位人才缺失，人才成长缓慢，低值岗位普遍冗员，人才发展效果很不理想，人才的结构性矛盾普遍存在；对于核心人才培育缺乏正确的价值标准和理念指引，没有从企业战略管理的角度来看待培训投入和人才发展，人才培育收效甚微，导致企业发展止步于“人才供应”，束手无策！

人才管理是人才效能、人才实力的重要影响因素，是人才开发的必要条件。人才管理的重点在于创造人才发展的优良环境，不但使人才的素质、能力提高，还要有利于其才能的发挥。因此，人才管理是一种综合性的活动，也是一种高层次的活动。

二、人才管理的六项原则

我们总结德鲁克关于人才管理的六项原则，旨在发挥员工价值，帮助企业在客观条件的变化中掌握变化的脉搏，实现自身的变革。

（1）“以人为本”的管理思想。

德鲁克毕生的追求，是构建一个美好社会，使每个人都得到尊严和地位的社会。德鲁克说：“贯穿我一生所有著作的主题，就是现代社会中人的自由、尊严和地位。”这体现出德鲁克管理思想中“以人为本”的理念。

企业管理中的“以人为本”，要求企业在生产经营管理过程中要以人为管理工作的出发点和中心，围绕着激发和调动人的积极性、主动性、创造性来开展工作。强调对人性的理解，重视人的需求，以鼓励为主旨，以培养为前提，以人为管理和工作的中心。

（2）尊重人才，合理地使用人才。

德鲁克说：“雇佣整个人，而不是一双手。”他认为，企业要尊重员工，因为他们是人，不是一台经济机器。这是德鲁克非常重要的观点。

追求事业、成就事业的强烈动机是人才成长和发展的基本动力。招揽人才是手段，使用人才是目的，若才非所用，才无所用，就会浪费人才。企业要为人才提供展现才能、实现个人价值的空间和机会，良好的创业环境要求企业从人才自身价值实现的角度出发，尊重人才，合理地使用人才，为核心人才创造和谐的工作环境。

（3）让员工有成就感，才是真正的激励。

德鲁克说："让工作有成效，让员工有成就。"他认为，企业一定要先把工作组织好，让工作富有成效，这样员工有了成就感，才能得到真正的激励。

企业注重精神激励机制作用，以精神因素鼓励员工。建立精神激励机制要尊重人才的人格、尊重人才的个人利益和发展需要，为人才创造良好的事业发展机会，营造舒心的工作氛围、平等竞争的工作环境，发现和激发人才的创新热情，使人才随着企业的成长而成长，增强人才实现自身价值的自豪感、贡献社会的成就感、得到社会承认和尊重的荣誉感。做到人尽其才，才尽其用。

（4）提高员工的责任感。

德鲁克说："提高责任感，而非满意度。"他认为，我们没法用金钱买到责任感，只能采取措施激发员工的责任感。

有责任感才能创造奇迹。大凡做出重大贡献的杰出人物，都有高度的责任感，正是在责任感的驱使下，他们才取得了令人瞩目的成就。德鲁克倡导事业部制，事业部实行独立核算，更能激发经营管理者的责任感。肩负重大责任，他们才会用心经营，提升业绩。管理者的自主性、积极性，能够有效保持企业的活力，推动企业发展。

（5）信任员工，帮助员工开创事业。

德鲁克说："员工是机会，而不是麻烦。"人才是企业的第一资本，企业应该充分信任和使用人才，最大限度地发挥人才作用。

成功的企业应尽可能从内部提拔人才，因为对于企业来说，经营并不是雇人去做一份工作，而是尽可能地帮助员工在企业内部开创他的事业。

（6）充分激发员工的才能。

德鲁克说："充分发挥人的长处，而不是改造人。"一家企业如果想要具有持续的收益能力和竞争优势，所面临的挑战并不在于对人才的争夺，而在于充分激发员工的才能。

企业所需要做的是尽可能多地选用适合企业文化的有才能的人，并利用企业自身的体制、管理者和企业文化，最大限度地发挥人的才能，力求"人尽其才，才尽其用"。

第四节 培养经营者的分身

关于人才方面，稻盛和夫认为："培育人才是经营者留给企业的最大资产！"当公司尚小时，经营者自己就能管理整个公司。但随着公司的成长壮大，一个人要照看全体就变得困难起来。因此，随着京瓷公司规模的扩大，稻盛和夫从内心渴望出现优秀的搭档和伙伴，即认同公司理念和付出不亚于任何人的努力的经营者。

但是现实中，这样的人才很难找到。所以，稻盛和夫经常会想起《西游记》里的孙悟空。希望像孙悟空那样，拔毛一吹，就能变出很多能力出众、模样相同的人。实际上，"变出自己的分身"这种思考的结果，就孕育了现在的阿米巴经营体制。有相同理念的小组织的领导人，即使他们管不了一个很大的组织，但如果把组织划分成若干个的小团体，任命他们做这种小团体的负责人，委托他们运营，他们应该是能够胜任的。另外，赋予他们独立核算的权力，使他们具备经营者的意识。当企业培养出众多合格的阿米巴领导人时，企业将形成裂变式发展。

一、稻盛和夫对领导者的定义

稻盛和夫认为，企业高层领导必须明确开展这项事业的意义和目的，并在日常工作中不断地传达给各部门管理者。各部门管理者也把自己所负责的事业对照该意义和目的，向部门成员进行说明，把该意义普及到基层，这样才能使员工齐心协力地达成目标。

企业领导者需要做出正确的判断，为此，领导者需要掌握“做人，何谓正确”这具有普遍性的哲学思想，并且在经营活动中，让员工共享哲学理念，提高经营者意识。

企业领导者还要具备两方面的基本资质：一是“内圣”；二是“外王”。“内圣”包括五点：高尚的人格、强烈的使命感、高超的规划能力、自强不息、大而无外、仁者无敌。“外王”包括以下四点：第一，通过率先垂范，获得伙伴的信任和尊敬；第二，揭示愿景，并向员工反复宣讲，直至深入人心；第三，鼓动力和感染力；第四，共同提高，共有哲学。

稻盛和夫认为一个领导者的能量有限，依靠个人单枪匹马，不管这个人多么勤奋，拓展空间仍然有限。想要扩大企业规模，就要通过阿米巴经营模式，孵化和培育出更多领导者和经营者，才能实现企业持续长青。

因此，企业领导者必须把员工当作共同经营的伙伴，让他们与自己想法一致，同甘共苦，支撑事业的发展。通过培养更多具有经营者意识的人才，实现全体员工共同参与的经营，企业才会人才辈出。

二、稻盛和夫如何培养人才

稻盛和夫对经营者的要求就是通过锤炼那些留在公司里的平凡的人，把他们培养成自己的左膀右臂，培养成合作伙伴，培养成公司的得力干将。

稻盛和夫创立的阿米巴经营，目的就是培养经营者的分身。

第一，细分阿米巴组织。基于“按公司运营所需职能建立组织”的思路，明确最低限度的必要职能，建立精简高效的组织。

第二，培养经营者的分身。稻盛和夫希望多多培养出像自己一样承担公司经营责任，并具有经营者意识的领导者。如果是一个小组织，那么年轻、经验尚浅的领导者也能正确掌握自己部门的情况，有效发挥经营者的作用，于是他将组织分成小小的“阿米巴”，并委以运营之责。

第三，把经营委托给阿米巴领导。为了发展阿米巴而选择阿米巴领导者，根据公司方针制订事业计划，开展实绩管理、劳务管理、物资订购、库存管理、经费管理等全面的经营。即使是小组织的领导者，也要有身为经营者的觉悟和责任感。

第四，阿米巴领导者率先垂范。阿米巴领导者要在成员参与的前提下制订事业计划，率先垂范，全体成员共同努力达成目标。领导者身先士卒，付出不亚于任何人的努力，这是引导企业成长发展的必要条件。领导者在第一线临阵指挥，以身作则非常重要。只有这样的领导人才能培养出真正的人才。

第五，激励人才持续地努力。稻盛和夫认为，竭尽全力，付出不亚于任何人的努力，乃是这个世界上所有生物都要承担的、理所当然的义务，没有谁可以逃避这项义务。全神贯注于自己的工作，只要做到这一点，就可以磨炼自己的灵魂，铸就美好的心灵。磨炼灵魂，就会产生利他之心。

阿米巴经营是非常人性化的经营模式，其对人的素质和精神境界要求非常高。它通过赋权经营，权责对等，将经营权下放到基层，让员工像老板一样思考、决策和行动，每位员工都对利润负责。这样，每位员工都是一个“小老板”，他们在自主经营过程中不断成长，自然而然就成为独当一面的企业经营人才。

第五节
人才为何要具有经营者意识

一、传统企业体制的弊端

传统的金字塔形组织中，企业的人事组织架构像一座金字塔，企业领导人高居塔尖，以制度化和法规化严格构建等级制度。

在这样等级森严的组织内部，个人想要得到的目标，只能依靠个人在组织中的层级而定，按照固化的等级往上爬。管理层级多必然要导致机构臃肿、人员膨胀。员工缺乏经营意识，人浮于事，管理效率低下；权力集中在上层，下属自主性小，参与决策的程度低，创造潜能难以释放。这些情形严重影响企业对人才的开发和利用。

稻盛和夫看到了传统企业体制的弊端，由此创建阿米巴经营，目的是培养具备经营者意识的人才。员工只有具有经营者意识，才能不断挑战自我，付出不亚于任何人的努力达成目标。

二、如何具有经营者意识

如何成为一个具有经营者意识的人才？在日常的经营管理中，必须做到以下四点。

（1）增强核算意识，并付诸实践。

企业采取能够即刻应对市场变化的部门核算管理，采用全体员工都能简单理解的、家庭记账簿式的核算表。例如，现在订单有多少，与计划相比差多少，产生了多少利润，利润是怎么使用的，这些有关公司的处境状况，每位员工都了然于胸。这种全员参与经营的方式，培养了员工的经营者意识。他们每天上班，都认真考虑如何提高自己所属阿米巴的“单位时间效益”，并付诸实践。

（2）实现销售额最大化和经费最小化。

企业经营的原理原则是实现销售额最大化和经费最小化。稻盛和夫认为，把经费支出控制到最低程度，这是参与经营的最直接的方式。公司效益好的时候，很容易放松对经费的控制。这样各部门浪费的经费积累起来，就会极大地损害整个公司的利益。

企业一旦养成了这种铺张浪费的习惯，当经济形势严峻时，即使想要重新紧缩经费，也很难恢复到原来的状态。因此，无论在何种情况下，我们都必须注意如何实现经费最小化，这也能够培养员工的经营者意识。

（3）回到现场，解决问题的关键。

稻盛和夫说，制造的原点在于生产现场，销售的原点在于同客户的接触。出现问题时，作为具有经营者意识的员工，首先想到的是回到现场。现场往往蕴含着第一手信息，是解决问题的关键。员工经常到现场去，不仅可以找到解决问题的线索，而且可以让自己像经营者一样思考问题、解决问题，借此提高生产效率和产品质量，并得到新的客户订单。

（4）贯彻双重确认原则。

在阿米巴经营中，各个阿米巴自主经营、独立核算，实现全员经营，由于员工能力素质参差不齐，难免会有员工犯一些低级的错误。

为了防止出现这样的错误和不当行为，有必要建立多部门、多人复核的双重确认体系。尤其是有关资金管理，一定要坚持贯彻双重确认原则，建立起防患于未然的规章制度，杜绝错误和不正当行为的发生。培养员工的经营者意识，就要让其贯彻双重确认原则。

培养员工的经营者意识，归根结底还在于经营者必须具备慎重坚实的经营态度。稻盛和夫认为，要在企业间激烈的竞争中取胜，就要不断实现经营高目标，经营者必须具备“燃烧的斗魂”和“坚强的意志”。

案例

麦当劳全球万店，人才梯队是如何培养的

麦当劳是全球知名的餐饮服务品牌，超过4万家餐厅遍布全球。目前，中国是麦当劳全球第二大及发展最快的市场。估计到2022年年底，这家美国巨头在中国市场的门店数量将达到4500家，员工超过18万人。

麦当劳凭什么取得这样的发展速度和成就？人才梯队是如何培养的？

一、麦当劳如何明确核心人才标准

麦当劳创始人雷·克罗克说："若想走遍天下，必须人才为先，我要把钱花在人才上。"麦当劳对人才的定义是，能够胜任相应岗位工作要求的人即该岗位的合格人才。

餐厅管理组岗位按职级分为5个级别，每个级别从能力等级、绩效水平、发展潜力三个方面来衡量人才标准。

对于管理组的衡量标准，麦当劳建立了一套科学的管理制度，这套绩效管理系统可帮助员工了解绩效驱动要素、绩效目标的制定、绩效评估的评定方式、绩效评估等级标准。这套管理制度主要由以下三部分组成。

个人绩效：包括个人绩效计划、年中回顾、绩效校准会、年末回顾。

能力等级：麦当劳根据不同岗位建立了一套系统的能力词典，能力词典定义了每个职位应该具备的能力项和应达到的水平。能力词典分为三大部分：核心能力、管理能力和专业能力。每个能力项分为表现不稳定、基本水平、进阶水平、战略性领导水平，明确每个职位应具备的能力项和每项能力的相应等级。

潜力等级：潜力等级分为现可胜任人员、未来可胜任人员、新到职位、现任人员。

这套独具特点的绩效发展系统，结合标准化基础管理系统，清晰定义出麦当劳对不同层次、不同专业人才的要求及衡量方法，为培养麦当劳所需人才制定了清晰的标准依据。

二、麦当劳培训体系

麦当劳非常重视员工培训，并建立了较为完备的培训体系。这为受训人成功经营麦当劳餐厅、塑造“麦当劳”品牌统一形象提供了可靠保障。

麦当劳的培训体系是在职培训与脱产培训相结合。脱产培训主要是由汉堡大学完成。汉堡大学是对分店经理和重要职员进行培训的基地，主要提供两种课程的培训：一种是基本操作讲座课程（BOC），目的是教育学员制作产品的方法、生产及质量管理、营销管理、作业与资料管理和利润管理等；另一种是高级操作讲习课程（AOC），主要用于培训高层管理人员，其内容包括提高利润的方式、房地产、法律、财务分析和人际关系等。

麦当劳培训系统分为员工培训和管理组培训，这些培训已同日常运营管理和人力资源管理紧密地融合到一起，达到营训合一的效果。在工作中学习，在学习中工作。

从招聘开始，麦当劳就对应聘者宣传自己的经营理念，这种传播伴随每个麦当劳伙伴的职业生涯。

麦当劳员工培训以现场为主，主要培养操作技巧习惯和工作态度。当员工业绩优秀并表现出很好的潜力时，将被列入晋升发展的名单，晋升为训练员直至管理组。

员工晋升后因工作职责发生变化，从自己做发展到培训他人和管理团队，公司会提供相应的培训，使员工尽快适应新角色的转变。

三、独特的晋升制度

麦当劳的晋升制度是培训、考核、激励、晋升的结合。麦当劳规定，新员工必须接受严格的岗前培训。新招募的见习员在正式上岗前必须完成基本操作课程的训练，对基础作业知识逐步达到娴熟的程度，上岗后能够加快服务的速度。

麦当劳的晋升制度规定：如果人们没有预先培养自己的接替者，那么他们在公司里的升迁将不被考虑。这就犹如齿轮的转动，每个人都得保证培养他的继承人并为之尽力，因为这关系到他的声誉和前途。

麦当劳实行一种快速晋升的制度：一个刚参加工作的出色的年轻人，可以在18个月内当上餐厅经理。晋升对每个人是公平合理的，既不作特殊规定，也不设典型的职业模式。每个人主宰自己的命运，适应快、能力强的人能迅速掌握各个阶段的技术，从而更快地得到晋升。

四、如何营造复制核心人才的环境

培养鼓励人才成长的氛围。各级主管在日常工作追踪中、会议中、活动中、考核中、沟通中，倡导人才培养的理念，使人才培养的意识渗透到每个人的思想行为中。

搭好核心人才成长的阶梯。每个人前面都有自己的职业发展阶梯。因为公司随时准备发展，随时需要储备后备人才，从机制上每个人都能看到自己的职业发展道路。

培养教练式经理，在课程系统中加入教练式经理的课程。鼓励教练式经理的发展，因为教练与运动员的利益是绑在一起的，一荣俱荣，一损俱损。教练会真心为运动员付出，保证人才培训的质量。

人员发展列入关键绩效指标之一，每一级别管理人员的绩效指标必须包括人员发展方面的目标。在机制上保证做好人员发展才可能获得更高的绩效表现等级。

培养接班人否则就不能晋升。麦当劳文化中提倡，不培养出接班人你就不能晋升，即便有机会你也不能得到提名。这样中高层管理者都具备了培养人的动力，后备人才的问题就迎刃而解。

本章小结

◎ **德鲁克与稻盛和夫的相同点：**

两人都重视培养与开发未来所需要的人才。德鲁克认为，经理人是企业中最昂贵的资源，而且也是折旧最快、最需要经常补充的一种资源。企业目标能否实现，取决于经理人管理的好坏，也取决于如何管理经理人。稻盛和夫认为，培育人才是经营者留给企业的最大资产。他希望多多培养出像自己一样承担公司经营责任，并具有作为"经营者"意识的领导。

◎ **德鲁克与稻盛和夫的不同点：**

两人对人才的定义和要求不同。

德鲁克所定义的人才是职业经理人。被委托履行企业经营责任的经理人，必须兼顾公共利益，认真对待该责任，包括满足公共利益，坚定社会的基本信仰，促进社会稳定、发展、和谐。所有管理、每个决策、每次行动，都必须立足于对公众的责任。

稻盛和夫对人才的定义就是优秀的搭档、伙伴和经营者。稻盛和夫培养的是具有经营者意识的人才，阿米巴经营就是为了增加伙伴式的共同经营者。同时要求经营者必须具备"燃烧的斗魂"和"坚强的意志"。

第六章

自律和精进：管理者核心能力的修炼

6

痴迷于工作，热衷于工作，并付出超出常人的努力，这种不亚于任何人的努力会给我们带来丰硕的成果。

——稻盛和夫

第一节
企业经营需要大义

稻盛和夫说："为社会、为世人做贡献，是人最高贵的行为。"他在《活法》一书中提到：经营企业的真正目的到底是什么？是为了自己的个人利益，还是为了宣扬自己的技能、知识，或是为了自己家人以及几位股东？事实上，经营企业不只是涉及自己的小利益，还会与社会产生关联。稻盛和夫用自己的人生经历告诉我们，如果事业目的是为公的话，经营者的内心就会充满力量、充满自信。

一、企业经营为何需要大义

稻盛和夫认为，经营者必备的三种力量，一种"自力"，两种"他力"。

"自力"顾名思义，是指经营者自身具备的能力或力量。"他力"有两种：一种"他力"是指经营者的得力助手，左膀右臂，以及企业员工的力量；另一种"他力"是指宇宙、自然的力量。

作为一名经营者，总是抱着利他之心、感恩之心去工作和生活，就能获得宇宙之力的帮助，得到好运。相反，一切从利己心出发的利己主义者，往往做什么都不如意、不顺利，最终是不可能成就事业的。

稻盛和夫确定京瓷公司的经营理念："在追求全体员工物质和

精神两方面幸福的同时，为人类和社会的进步与发展做出贡献。”正因为有了这种经营理念之大义，京瓷公司的全体员工才能齐心协力，团结一致，推进创造性的技术开发，继而多方面地开拓事业。而这也成为公司发展的原动力。

领导者首先应该明确集团应有之目标，即确立符合大义名分的企业目的，同时努力使这种目的为员工所共有，全体员工都乐于齐心协力地为企业做出贡献。

二、做企业还应该有更高的追求

企业管理者强调自身的修为，往往以身作则。这样的领导是下属的楷模，下属因为你的为人而由衷地敬重你。

因此，管理者追求的不应该是权力和地位，而应是责任和成果。那些身处“管理层”的经理人，如果不承担责任，没有创造成果，就不能算是管理者。

对于稻盛和夫而言，他一生秉承“动机至善，私心了无”的信念去经营企业。稻盛和夫认为，办企业绝不是为了满足经营者的一己之私，而是要追求全体员工物质与精神两方面的幸福。同时，做企业还应该有更高的追求，那就是“为人类和社会的进步与发展做出贡献”。

稻盛和夫说：“京瓷的发展，不过是贯彻了这一正确经营理念的必然结果。”稻盛和夫的境界，分为四个阶段：年轻创业期是“艰苦奋斗”，企业经营初期是“大公有私”，企业经营发展期是“大公忘私”，企业发展壮大期是“大公灭私”。

“艰苦奋斗”的人，能付出不亚于任何人的努力；“大公有私”的人，受到员工和客户的尊敬；“大公忘私”者，他的人格让人敬佩；“大公灭私”者，他的一生令人景仰。也正因为经营者“动机至善，私心了无”的精神，才让众多的员工对现在和将来的生活充满希望，他们才会信赖经营者，尊敬经营者。

第二节
勇于挑战新事物的领导者

企业管理者在 21 世纪面临的主要挑战：要成为组织变革的引导者。变革的引导者视变革为机会，他们主动寻求变革，知道如何发现恰当的变革良机。也就是说，在新时代背景下，管理者需要不断地发现机会，不断地挑战新事物。

企业需要变革，需要采取行动。管理者要成为变革的引导者，组织要有决心和能力改变现有的状态，同样也要有决心和能力开创新事业、做与众不同的事情，在新的事物面前，勇于去挑战。

一、如何成为勇于挑战新事物的领导者

要成为勇于挑战新事物的领导者，需要做到以下几点：

第一，有组织地改进。在变革的过程中，无论企业在其内部和外部从事什么活动（包括产品和服务、生产流程、市场营销等），都需要系统化地和持续不断地对它们实施改进。这些措施将带来产品的创新、服务的创新，带来新的流程、新的业务。持续不断的改进最终带来根本性的变革。

第二，挖掘成功经验。在持续不断的改进过程中，成功经验的

挖掘迟早会换来真正的创新。每一小步的积累，最终会带来重大的和根本性的变革，即涌现出真正与众不同的新事物。

二、领导者的变革精神决定公司的命运

在挑战新事物方面，稻盛和夫则认为，领导者害怕变革，失去挑战精神，集团就开始步入衰退之路。也就是说，领导者是否不满足于现状，不断进行变革和创造，将会决定一家公司的命运。

一家企业，如果只想维持现状或墨守成规，就会陷入官僚主义和形式主义的泥潭，企业就会衰落。而处于变革中心位置的就是企业的领导人。

稻盛和夫在《领导者的资质》一书中说，领导者的一项资质是必须不断地挑战新事物。在竞争激烈、各个企业的独创性受到审视的今天，领导者要不断挑战新事物，并获得成功。这一条作为领导者的必要条件，今后将越来越重要。

领导人必须打破安逸的心态，创造一种组织风气——无论多么困难，也要不断挑战新的创造性的事物。

三、稻盛和夫的创业经历

稻盛和夫就是一个不断挑战新事物的实业家。稻盛和夫在大学毕业时，在京都一家濒临破产的企业就职。这是一家制造绝缘瓷瓶的企业，迟发工资是家常便饭，公司已经走到了濒临倒闭的边缘。

稻盛和夫入职公司还不到一年，同期加入公司的大学生就相继辞职了。最后，只剩稻盛和夫一个人留在了这家破败的公司。何去何从，对于年轻的稻盛和夫来说，是一个艰难的抉择。深思熟虑之后，他不再发牢骚，而是把心思都集中到自己当前的本职工作中来，聚精会神，全力以赴。从那以后，他工作时的认真程度可以用

“极度”二字来形容。

在这家公司里，他的任务是研究最尖端的新型陶瓷材料，这是一份挑战性很大的工作，他面对的是全新的事物。

为了攻克科研难关，稻盛和夫订购了刊载有关新型陶瓷最新论文的美国专业杂志，一边翻辞典一边阅读，如饥似渴地学习、钻研。功夫不负苦心人，稻盛和夫一次又一次取得了出色的科研成果，成为无机化学领域崭露头角的新星。

后来，稻盛和夫以此为基础，创立了京瓷公司。京瓷成了这一领域的先驱者，不仅确立了精密陶瓷作为工业材料的重要地位，还以培育精密陶瓷的技术为核心，开展多元化经营。

四、稻盛和夫拯救日本航空公司

稻盛和夫不断向新事物发起挑战，才能不断创造奇迹。2010年，日本航空公司因高额负债，濒临破产。

为了使日本航空公司得以重建，政府再三请求稻盛和夫就任日本航空公司的会长。虽然稻盛和夫成功创办了京瓷集团，后来创建了以通信为主业的KDDI公司，但是对于航空业，他完全是个门外汉。周围的人都强烈反对他接手日本航空公司这个“烫手山芋”，他们认为这会让他晚节不保，但稻盛还是勇敢接受了这项前途未卜的挑战。

稻盛和夫带着“稻盛哲学”与“阿米巴经营”来到日本航空公司，通过制定“日航哲学”，产生了日本航空公司共有的价值观，同时也推进了全体员工的价值观变革。通过导入阿米巴经营，稻盛和夫使每一位员工都萌生了经营者意识，全体员工开始思考如何提高自己部门的销售额，如何削减经费。

其结果是，此前一直亏损的日本航空公司，重建后的第二年度实现盈利，变身为世界航空领域收益最高的企业。2012 年 9 月，日本航空公司在宣布破产后仅用了 2 年零 8 个月就实现了重新上市。

在技术革新飞速发展的今天，如果领导者缺乏独创性，缺乏挑战精神，不能把创造和挑战的精神贯彻到企业中去，那么企业很难实现超越，保持基业长青。安于现状就意味着已经开始退步。对于企业领导者来说，不断向新事物发起挑战，才能保证企业的发展。开辟未知的领域，才能成为充满“开拓者精神”的领导者。

第三节 管理者的精进和实践

企业管理者需要具备组织发展所需要的关键能力。关键能力是指任何职业或行业都需要的，具有普遍适用性和可转移性的，且在职业活动中起支配和主导作用的能力。关键能力是各种职业活动中不可或缺的元素，它们可以引导、激发和生成其他职业能力，具有重要的“生产性”价值。

在互联网时代，商业环境变化的幅度、速度及迅猛程度都是空前的，这对企业管理者提出了更高层次的要求。管理者要清楚地认识自己的状态以及管理的水平，并在此基础上不断精进与提高。

一、企业管理者为什么要不断精进

企业管理者作为核心人才，是形成企业核心竞争力的基础。企业要提升核心竞争力，必须发掘管理者的优势和潜能，管理者的能力素质决定企业核心竞争力。企业管理者之所以要精进，主要有以下因素：

第一，企业管理者的能力素质是形成企业核心竞争力的保障。管理者的能力素质开发是企业提升核心竞争力的根本，因此，企业要积极构建科学有效的培养和使用机制，通过系统的能力开发工作，提高管理者的能力素质，提升企业的核心竞争力。

第二，管理者的能力素质决定核心竞争力的可持续性。想要获得可持续的核心竞争力，必须依靠高水平的管理人员。管理者是企业发展和创造财富的动力源泉，他们的能力素质是企业的力量所在。企业要把管理者看成一种资源，而不是简单地当作成本来看待。企业的核心工作需要靠管理者去完成，所以企业要提升自身的核心竞争力，实现提高效率和效益、战胜竞争对手的战略目标，就必须注重管理者的能力开发工作。

二、企业管理者如何精进

稻盛和夫认为，“六项精进”是搞好企业经营所必需的最基本条件，也是我们度过美好人生必须遵守的最基本条件。

“六项精进”总结了人生和工作中非常重要的实践内容。这六项内容是：①付出不亚于任何人的努力；②要谦虚，不要骄傲；③要每天反省；④活着，就要感谢；⑤积善行，思利他；⑥忘却感性的烦恼。稻盛和夫建议，如果每天都能持续不断地对“六项精进”加以实践，就一定能够开创自己美好的人生。

除了稻盛和夫的“六项精进”，企业管理者还可从如下五个方面来精进。

第一，协调能力。在企业里，冲突难免会发生。此时，彼此间应互相支持和理解，互相协调，而一旦冲突激化，管理者就必须出面解决。企业管理者需要熟悉并善于运用各种组织形式，还应该善于用权，能够指挥自如，控制有方，协调人力、物力、财力，以获得最佳效果。

企业管理者的协调能力主要由有效的人际沟通能力、高超的员工激励能力、良好的人际交往能力等构成。

第二，自我管理能力。德鲁克在《21世纪的管理挑战》最后一章“自我管理”中说：“像拿破仑、达·芬奇、莫扎特这样的伟大人物都是深谙自我管理之道的。这在很大程度上是他们功成名就的源泉。但是他们毕竟是凤毛麟角，他们非凡的才能和成就是常人所不能及的。现在，即使资质平庸的普通人也将需要学会自我管理。”德鲁克一再提请人们反问自己：我是谁？我的优势是什么？我属于哪里？我能做出什么贡献？我该如何规划下半生？

管理者的自我管理，应注重自我教导及约束的力量，亦即行为的制约是透过内控的力量实现的。管理者在企业制度上要以身作则，不能“只许州官放火，不许百姓点灯”，要讲诚信，实现对下属员工的承诺。

第三，培养他人的能力。优秀的管理者应更多地关注员工的能力开发，鼓励和帮助下属员工取得成功。培养优秀人才是管理者的重要任务。因此，作为管理者，在工作中要积极引导员工反复思考、亲自制订计划和策略，并付诸实行，让员工能够独立自主，逐渐独当一面。

第四，决策能力。决策能力是指管理者对某件事拿主意、作决断、定方向的领导管理绩效的综合性能力。包括经营决策能力、经营管理能力、业务决策能力、人事决策能力、战术与战略决策能力等。

古往今来，那些做出伟大决策的人，都具有“先知先觉”意识，都能高瞻远瞩，明察秋毫。因此，企业管理者应从博学中提高决策的预见能力，从实践中提高决策的应变能力，从心理上提高决策的承受能力，从思维上提高决策的创造能力，从信息上提高决策的竞争能力。

第五，团队领导能力。对于企业的生存与发展，领导者居核心地位，是决定性因素。企业的经营决策正确与否，直接影响企业的生死存亡。企业的决策掌握在领导者手上，领导者能力的高低，直接影响每项决策的准确程度。

因此，管理者领导力的精进，首先要掌握领导的艺术。领导的艺术主要体现在领导者本身的素质——分析、解决问题的能力等方面。领导者应具备一定的管理技能，要有对情境的观察力和判断力。其次，在领导力能力提升中，领导者必须与追随者建立起密切的良好的工作关系。最后，领导者要有创新意识。在领导力能力提升中，创新意识是一个卓越领导者必须具备的能力。

第四节
明确管理者的能力素质要求

德鲁克认为，有效的管理者具有不同的类型，缺少有效性的管理者也同样有不同类型。因此，有效的管理者与无效的管理者之间，在类型方面、性格方面及才智方面是难以区别的。有效性是一种后天的习惯，既然是一种习惯，便可以学会，而且必须靠学习才能获得。德鲁克从社会、信仰和人性的视角出发，列出一个优秀管理者必须具备的五种习惯：善于利用有限的时间，注重贡献和工作绩效，善于发挥人之所长，集中精力于少数主要领域，有效的决策。

在能力方面，德鲁克则建议，一个优秀的管理者应该做好 5 项工作：制定目标，从事组织工作，从事激励和沟通工作，确定一种衡量标准，培养人才（包括他自己）。

企业管理者是推动企业发展的真正动力，谁拥有高层次的优秀的管理者，谁就能在白炽化的市场竞争中稳操胜券。作为现代企业变革、创新和发展的领导者、指挥者，我们必须探索一种选拔企业管理者的有效方法，而要做到这一点，应该有一个清晰、新颖的思路，明确管理者应具备的能力素质，这是解决问题的首要条件。

一、企业管理者应具备的素质

企业明确管理者应具备的素质，才能培养和造就优秀的企业管理者，发掘智慧型、复合型、高效型的精英管理人才。作为企业管理者，应具备以下素质：

第一，职业素质。作为一名面向未来的核心人才，必须具备良好的职业道德，能执行企业的经营方针，与企业的大方针和发展步调始终保持一致，高度认同企业文化。

第二，决策素质。决策实质上是为达到组织目标，通过科学预测、正确分析，而果断、大胆、明智地采取有效举措的过程。决策素质在企业参与竞争和发展壮大的关键时刻起着决定性作用，是每位领导者应具备的基本要素。能站在历史的高度，以发展的眼光统揽全局，把握未来，善于抓住发展的良机，规避风险，加速扩张，超越对手。这对于核心人才来说非常重要，这是衡量核心人才的主要指标。

第三，领导素质。领导是一个引导群体达到组织目标的行为，管理者的领导素质包括领导科学、领导行为、领导艺术水平及心理素质等诸方面要素。出色的管理者有很强的影响力、号召力和凝聚力，在群众中有较高的威望，对鼓舞员工士气、提高群体斗志产生重大作用。能任人唯贤、知人善任、团结同志和眼光超前，精于激励、敢于授权、善于协调和勇于实践。

第四，智力素质。企业管理者注重增强自我开发意识，以提高自身的智力素质，这样才能较好地应付变幻莫测的市场竞争，对突发事件能镇定自若、得心应手地处理，真正成为一个有远见、有智谋、有胆识的企业领导人。

第五，创新素质。管理者是企业创新活动的倡导者、组织者和推动者。只有在各项工作中居安思危、锐意改革和不断创新，企业才会充满生机和活力，保持强劲的发展态势，在激烈的商战中立于不败之地。企业创新包括思路创新、知识更新、机制创新、战略创新、技术创新、营销创新和管理创新等。创新是现代竞争取胜的锐利武器，并被越来越多的人所认识。因此，现代企业决策者都应具有很强的创新能力，能深谋远虑，棋高一着，先出新招，再创优势，走向领先。

二、管理者能力素质模型搭建

不同的企业战略目标和核心能力对企业管理者的知识结构、能力和技术水平等素质的要求是不同的，企业要把对核心能力和战略目标的追求转化为对管理者素质的要求，这样才能确保合适的人在合适的位置上。

在实际应用过程中，很多能力素质模型都是定性描述，比如解决问题能力的等级划分中，一级评价标准是“能提出一些解决问题的思路，并取得一定的效果”，二级评价标准是“能提出比较好的解决问题的思路，并能解决一些问题”，这些定性描述在实际应用的过程中很难划分几个等级之间的差异，且受评价人员的主观因素影响较大。对于一个员工的表现，有的评价人员要求比较严格，认为其解决问题能力处于一级水平，而有的评价人员要求较为宽松，可能会认为其解决问题的能力处于二级水平。这样就造成了人员评价的不公平性。

基于上述问题，企业应该提出建立一套定制式的、能落地的能力素质模型，以公平、公正地评价管理人员，对管理人员配置起到真正的指导作用。

（1）从职业能力、职业意识、职业品德三个维度对管理者进行综合评价。

这三个维度主要是解决公司“评价什么”的问题。在这三个维度中，职业能力包括解决问题的能力、执行力、谈判力等；职业意识包括成本意识、安全意识、自律等；职业品德包括处事公道、廉洁奉公、遵章守纪等。

三个评价维度涵盖了企业管理者工作能力、工作态度和职业素养等多个方面，既能保证人才的专业性，也能将管理者的工作态度、职业素养考虑其中，保证了对管理者评价的全面性，避免出现某一方面有优势而又无法胜任岗位的现象。其中，对职业能力的评价有助于深入了解管理者的实际工作能力，有效评价管理者的岗位胜任能力；职业意识侧重对管理者职业思维的评价，有助于对管理者职业发展及职业行为的深入评价；职业品德是指管理者在工作中必须遵循的行为准则，也是企业在选人、用人过程中必须考虑的评价维度。

在选取了评价维度及每个评价维度下的评价指标后，企业对每一项评价指标的概念及要点都进行了详细的描述，以加深评价人员对各项评价指标的了解，帮助其梳理出每项评价指标的关键点。

（2）管理者能力素质关键行为梳理。

综合考虑到企业现状及保证行为信息的科学性，在管理者关键行为的提炼上，可以采用 BEI 行为事件面谈和问卷调查两种方式进行。BEI 行为事件面谈对象主要为企业职能部门总监、事业部总经理及部分资深员工代表；问卷调查对象主要为企业中基层管理人员及部分员工代表。两种调查方式都事先准备好了内容，BEI 行为事件面谈内容主要围绕对素质内涵的理解、工作行为描述及分别列举 3 个工作上的成功事件和失败事件，同时将面谈内容发送给面谈者，以便他们事先准备；问卷调查内容主要是围绕每个素质进行 5 ～ 10 个行为描述。

行为面谈和问卷调查结束后，企业根据调查结果开始着手素质关键行为的提炼。主要方式是把大家从不同聚焦度集中的行为列为素质关键行为，同时对这些关键行为从不同维度加以区别。如表 6-1 所示：

表 6-1　能力素质的维度描述

能力素质	维度	行为描述
管理者的责任感	工作认知	对工作内容、工作职责有清晰而深刻的认识，了解从事的工作对实现组织目标的重要性

续表

能力素质	维度	行为描述
管理者的责任感	积极行动	不计较个人得失，积极主动地寻求工作解决方法，高效完成工作目标
	热爱工作	把工作当成自己的事业来做，积极寻求工作给自己带来的满足感和优越感

进行关键行为提炼时，尤其要注意关键行为必须是反映企业管理者在实际工作中完成并且能用事实衡量的行为标准，避免用一些口号性或无法界定的行为描述。

（3）对管理者的关键行为进行分级。

完成管理者能力素质关键行为提炼后，还需要对管理者的关键行为进行分级。

不同的素质模型分级方法有所不同。如员工核心素质模型，可按展现程度（深度和宽度）来划分，然后在标准行为的基础上进行展现程度的差异行为描述，具体可分 3 ~ 5 级；领导力素质模型的行为等级划分则需要分两个步骤完成，因领导力素质是适用于企业所有管理人员，所以首先可按管理人员的职位要求进行相应行为描述，从而按职位级别纵向分出等级，然后对每个等级进行横向程度描述，具体方法和员工核心素质模型描述相同。

在行为分级时，避免简单地用好、不好、很好等评价性词汇，而应该用更加具体、可操作、有说服力的行为区分。在科学、有效地评价企业管理者的基础上，也有效引导管理者的工作行为，为管理者指明了自我提升的方向。

第五节
经营管理者的责任感

一、责任感是调动企业生产力的核心

德鲁克在《管理的实践》一书中，对企业管理者的责任感有着精彩的阐述。他说，企业需要以追求绩效的内在自我动机取代由外部施加的恐惧。唯一有效的方法是加强员工的责任感，而非满意度。

管理是一种责任。德鲁克认为，责任可分为内在责任与外在责任。内在责任指的是“承诺”，亦即对自己所选择的绩效目标做出最大的贡献，以实践自己的承诺；外在责任是指对整体的绩效负责。唯有能承担内、外责任的工作者，才是真正的“自由人”。

经营管理者的责任感是指企业管理者对自己在企业中所承担的责任、义务的高度自觉，表现为对本职工作尽职尽责，充分发挥自己的积极性、主动性和创造性。责任感是能够极大地调动企业生产力的核心。

二、如何加强管理者的责任感

经营管理者的责任感从何而来？在《管理的实践》一书中，德鲁克主要提出了两条建议：一是让员工了解情况；二是拥有管理者的愿景。

企业经营管理者的责任感主要受以下几种因素影响：

第一，工作结构的影响。如果企业工作结构合理，员工对工作满意，就会对工作结果富有责任感，愿意为创造更高的绩效付出努力。

第二，企业员工自身的因素。一个企业组织运行效率的高低，除了与组织架构、规章制度、激励机制有关，还与企业员工的责任感密切相关。因此，企业需要不断调整组织架构，引入新的激励机制和经营模式，比如事业部制或阿米巴经营模式等，从而有效地培养员工的经营意识和责任感。

第三，企业考核和奖励的影响。绩效考核的公平合理性直接影响企业员工的工作积极性，只有企业的考核制度公平合理，员工才能对企业有责任感。同时，把绩效考核和奖励挂钩可以使员工多劳多得，体验到付出总有回报的感受，从而更加努力地工作，全身心地投入，形成高度的责任感。

第四，企业文化的影响。企业文化对管理者责任感的形成具有重要影响。企业文化的人文力量，可以为员工创造更为和谐的人际关系以及舒适的工作环境，让员工能够充分发挥各自能力，实现自我价值。企业文化产生凝聚力，通过建立共同的价值观念、企业目标，把员工凝聚起来，使员工具有使命感和责任感，自发地为企业奋斗，从而形成推动企业发展的巨大动力。

稻盛和夫则通过阿米巴经营培养有责任感的管理者。经营权下放之后，各个小单元的领导会树立起“经营者”的意识，进而萌生出作为经营者的责任感，尽可能地努力提升业绩。这样一来，员工的“被动”立场就转变为领导者的“主动”立场。这种立场的转变正是树立经营者意识的开端，于是这些领导中开始不断涌现出与稻盛和夫一同承担经营责任的经营伙伴。

阿米巴经营是在明确的经营理念、愿景、原理原则指导下，以企业的年度计划为基础，实现权力、责任同时下放，要求员工对经营的结果真正负责。量化赋权给予员工更大的过程决策空间，是真正的授权，阿米巴经营则是实现人才培养的经营模式。

阿米巴经营提倡的不是对权力的关注，而是对责任的承担，每一位巴长所承担的责任决定其经营权的大小。

第六节
管理者如何提升“影响力”

稻盛和夫在一次演讲中说：“如果不能够对组织施加影响力，就没有当领导人的资格。当领导人的第一个条件是，不管是好是坏，都必须能够给组织施加重大的影响。”他认为，在思考领导人的领导力时，经营者的个性一定会在企业经营中反映出来。

“影响力”本质上是管理者的“职务影响力和示范带头作用”。基于管理者在组织中的特殊地位，通过其职务影响力，通过管理者自身在企业经营管理、企业文化落地方面的示范带头作用，影响组织内部成员对企业经营行为中的“态度取向”（从漠视到重视），进而影响群体在行为上“主动跟随”（从旁观者到参与者），继而影响群体在效果上“效果转变”（从形式到实质）。

企业管理者提升“影响力”，主要体现在以下三个方面：

一、态度影响力：管理者高度重视并身体力行

在企业经营中，管理者的率先垂范作用是不可低估的。管理者作为企业的灵魂人物和中坚力量，他的价值观和言行直接影响着员工的言行。管理者对企业文化高度重视并身体力行，必定会带动员工纷纷效仿。

企业经营决策的有效实施，离不开企业高层领导的高度重视和以身作则的模范带头作用。高层领导的个人思想、领导风格偏好、个性特征、领导行为表率等均会直接影响员工对企业核心价值观的理解和认同，也会影响企业价值观的实践、贯彻和执行效果。

当管理者在企业价值观的影响与作用下，改变自身的心智模式和行为模式，并能从管理和经营活动中获得成功的体验和印证，切实感受到了企业文化的魅力和影响后，管理者自然会产生企业文化信仰。管理者的职务使命必然使管理者开始热衷于通过企业文化来提升组织管理，因此，管理者便开始主动传播企业文化，从自己信服到主动教育和影响员工信服；从自己主动实践到要求员工实践，这便是管理者的“文化自觉”。

可见，管理者的“态度影响力”源于管理者对企业文化的信仰，是管理者企业文化自觉的必然结果。

二、理念影响力：领导者引领下所形成的价值观共识

理念文化往往由一个核心价值观统领，由一系列完整的企业经营管理价值体系组成，即理念文化体系。企业的理念文化不是一两个人的理念，而是在企业创始人和主要领导人的引领下所形成的企业全员的价值观共识。

企业价值观体现出的企业核心思想，是企业全体员工所共有的、对企业的长期生存与发展起着重要作用的价值观和方法论，是企业在漫长的经营岁月里沉淀下来的经营智慧和价值取向。企业核心思想投射到员工身上，成为员工的价值标准，这种价值标准则以潜意识的形式影响着每一位员工的行为，并内在地影响着生产经营过程的每一个环节和方面。理念文化的影响力使企业全体成员在经营哲学和价值观念领域形成高度统一的思维模式和心智模式，形成完全一致的价值标准。企业员工就是在这一价值标准和观念的牵引与驱动下从事生产经营活动。

优秀的核心思想能激发全体员工的责任感、荣誉感、工作热情和创新精神，由内而外地约束、引导和激励全体员工的行为乃至整个组织的行为，不断发挥着深远的影响力。组织成员受企业文化核心价值观标准或企业精神的激发与感染，将产生文化觉醒和行为自律，使自我的职业行为更加符合文化的引导、行为的约束和使命感的召唤。

因此，管理者的价值观和方法论就是企业文化最前沿的实践和体验，是管理者“文化影响力”的基础要素。

三、行为影响力：职务影响力和示范带头作用

管理者的“影响力”本质上就是管理者的“职务影响力和示范带头作用”。大多数组织内的员工不看领导整天在讲什么，而是在看领导整天在做什么，这就是领导的行为影响力。

管理者的气质、倾向、习惯、做派，会影响组织的整体文化氛围和作风。管理者的“影响力”更多地在其非职务行为范畴才会对组织内部成员产生巨大的作用。因此，管理者的行为影响力对管理者提出了更高的要求。

案例

宝洁公司为何重视经理人能力的培训

宝洁公司是世界最大的日用消费品公司之一。宝洁公司全球雇员近10万人，在全球80多个国家设有工厂及分公司。这个产品行销160多个国家和地区的日化帝国，面对不同的种族和文化，如何找到开启不同市场的金钥匙？究竟是什么构成了这个百年日化帝国的“常青术”呢？

宝洁向员工提供了独具特色的培训计划，公司的目标是尽快实现员工本地化，计划在不远的将来，逐渐由国内员工担当公司的中高级领导职位。

一、培训特色：全员、全程、全方位和针对性

作为一家国际性的大公司，宝洁有足够的空间来让员工描绘自己的未来职业发展蓝图。宝洁公司是当今为数不多的采用内部提升制的企业之一。员工进入公司后，宝洁就非常重视员工的发展和培训。通过正规培训以及工作中直线经理一对一的指导，宝洁员工得以迅速地成长。

全员是指公司所有员工都有机会参加各种培训。从技术工人到公司的高层管理人员，公司会针对不同的工作岗位来设计培训的课程和内容。全程是指从员工迈进宝洁大门的那一天开始，培训的项目将会贯穿其职业发展的全过程。这种全程式的培训将帮助员工在适应工作需要的同时稳步提高自身素质和能力。这也是宝洁内部提升制的客观要求，当一个人到了更高的阶段，需要相应的培训来帮助其成功和发展。全方位是指宝洁培训的项目是多方面的，也就是说，公司不仅有素质培训、管理技能培训，还有专业技能培训、语

言培训和电脑培训等。针对性是指所有的培训项目，都会针对每一位员工个人的长处和待改善的地方，配合业务的需求来设计，也会综合考虑员工未来的职业兴趣和未来工作的需要。

二、内部培养、内部提拔，尽量不用“空降兵”

在人才培养方面，宝洁从不使用“空降兵”，所有高管都靠自己培养，而且还输出了不少高管，被誉为“CEO 摇篮”。另外，宝洁很少请外部的培训机构，80% 以上的培训是靠自己的内部培训师。

宝洁培训体系的设计者认为：知识管理也要符合“二八原理”，组织 20% 的知识通过部分外聘讲师和内训师外部学习获得，80% 的知识来自组织内部，这种知识结构能保证知识的更新和有效。太多的外部培训会影响企业内部知识体系的构建，太少可能会过于封闭；而 80% 的知识应来源于内部的知识体系，这些知识在组织内部不断传播、实践和更新才能形成组织真正的核心竞争力。

所以，在宝洁，要想成为 CEO、成为高管就有了一条通路：成为内部培训师。

这条通路有两个关键点：第一个关键点是绩效考核制度，宝洁倡导开发、总结、共享的文化，要求每一个管理者都是培训师，这一点直接与绩效考核挂钩。宝洁的绩效考核中有 50% 的分数源于组织贡献评估，实际上就是在内部知识整理和传播上的贡献，当讲师自然在这方面分数就高。第二个关键点就是一年一度的十大优秀培训师评比，每个区域公司都会评出当年的十大优秀培训师，这些人就是未来高管的替补队员。

三、宝洁公司职业经理人的培养

宝洁公司一直坚持“以人为本”的经营方针。有人曾说过，如果把宝洁的人带走，留下资金和设备，那么宝洁将会一无所有；如果把资金和设备带走，留下人，10 年后他们将会重建另一个宝洁。这体现了宝洁的人才观。

宝洁的培训方法是：明确所需的组织方向和业务需求，明确所需的组织和个人能力；吸引和招聘那些符合标准的优秀人才。

宝洁建立了一套良好的培训体系，在课堂和非课堂的环境中培训员工的全面能力。在培训的针对性方面其注重合作，注重发展职业经理人团队。宝洁公司有着不成文的规定，几乎所有经理人都是从内部提升。告诉员工“你优秀，就提拔你”，从根本上留住核心人才。

本章小结

◎ **德鲁克与稻盛和夫的相同点：**

两人都认为管理者需要有更高的追求，具备责任感。德鲁克认为，管理者追求的不应该是权力和职位，而是责任和成果。企业管理者要以身作则，成为下属的楷模。稻盛和夫认为，办企业绝不是为了满足经营者的一己之私，而是要追求全体员工物质与精神两方面的幸福。同时，做企业还应该有更高的追求，那就是“为人类和社会的进步与发展做出贡献”。

◎ **德鲁克与稻盛和夫的不同点：**

两人对管理者的能力素质要求不同。

德鲁克从社会、信仰和人性的视角出发，列出一个优秀管理者必须具备的五种习惯：善于利用有限的时间、注重贡献和工作绩效、善于发挥人之所长、集中精力于少数主要领域、有效的决策。在能力方面，德鲁克认为，一个优秀的管理者应该做好五项工作：制定目标、从事组织工作、从事激励和沟通工作、确定一种衡量标准、培养人才（包括他自己）。

稻盛和夫认为，领导者的一项资质是必须不断地挑战新事物。同时，不断进行“六项精进”，即付出不亚于任何人的努力；要谦虚，不要骄傲；要每天反省；活着，就要感谢；积善行，思利他；忘却感性的烦恼。

07

第七章

目标管理：自我控制意味着更强的激励

7

如果想实现“目标管理”，就必须要有“自我控制”，“自我控制”意味着更强烈的工作动机。为此，企业才要制定更远大的愿景与更高的绩效目标。

——彼得·德鲁克

第一节
目标管理的特点和本质

1954 年，德鲁克在《管理的实践》一书中提出了具有划时代意义的概念——目标管理，它是德鲁克所创造的最重要、最有影响力的概念，并已成为当代管理学的重要组成部分。其后他又提出“目标管理和自我控制”的主张。

一、目标管理的特点

德鲁克对目标管理的概念进行了精辟的阐释：“所谓目标管理，就是管理目标，也就是依据目标进行的管理。”目标管理是一种参与管理的形式，目标管理是一门科学，也是一门艺术。

德鲁克目标管理基本思想，主要有以下四点：

第一，明确目标。企业的任务必须转化为具体的目标，企业管理人员必须通过这些目标对下级进行领导，并以此来保证企业总目标的实现。

第二，参与决策。目标管理是一种程序，使一个组织中的上下各级管理人员会同起来制定共同的目标，确定彼此的成果责任，并以此项责任来作为指导业务和衡量各自贡献的准则。在实现过程中，德鲁克更强调“参与决策”。也就是说，首先上级和下级要共同参与选择设定不同层次的目标，在此基础上再谈目标转化。

转化过程既是“自上而下”的，又是“自下而上”的。也就是说，在企业个体员工的积极参与下，自上而下地确定工作目标，并在工作中实行“自我控制”，自下而上地保证目标实现。

第三，规定时限。为了实现目标，德鲁克建议管理者规定时限，并不鼓励无休止地努力和奋斗，更强调阶段性成果、反馈、激励和复盘。目标管理强调时间性，制定的每一个目标都有明确的时间期限要求，如一个季度、1 年、5 年等适当期限。在大多数情况下，目标的制定可与年度预算或主要项目的完成期限一致。

管理人员靠目标来管理，以所要达到的目标为依据，进行自我管理、自我控制，而不是由他的上级来指挥和控制。

第四，反馈绩效。目标管理需要不断地将目标实现的进展情况反馈给个人，以便其能够调整自己的行动，因此，每个人对其所在部门的贡献就变得非常明确。

目标管理强调评价绩效，企业通过目标管理中的评价机制和绩效反馈，用鼓励自我评价和自我发展的方法，鞭策员工对工作的投入，并创造一种激励的环境。

二、目标管理是一个激励系统

德鲁克认为：“目标管理的最大优点也许是它使一位经理人能控制自己的成就。目标管理的主要贡献之一就是它使我们能用自我控制的管理来代替由别人统治的管理。”组织目标应该从“我们的事业是什么？我们的事业将是什么？我们的事业应该是什么？”这三个基本问题的答案中得出。企业的目标是企业的最根本的策略，它既是借以实现企业使命的一种投入，也是一种用以衡量工作绩效的标准。

目标管理要求组织结构动态变化并与之相匹配，组织应该根据目标规定每个人的权限。管理的原则就是让个人充分发挥特长，确定共同的愿景和一致的努力方向，实行团队合作，调和个人的目标并实现共同的福祉。

目标管理强调管理的目标导向。每个管理人员必须以整个企业的成功为工作中心。管理人员预期取得的成就必须与企业成就的目标一致，他们的成果由他们对企业成就所做的贡献来衡量。

综合德鲁克关于目标管理的观点，目标管理不是任务管理、不是计划管理，而是一个激励系统，而且是在管理哲学层面的激励系统。目标管理的本质和精髓：成就激励。

第二节 企业为什么要推行目标管理

目标管理在指导思想上是以 Y 理论为基础的，即在目标明确的条件下，将人性假设为喜爱工作、发自内心地愿意承担责任。企业实行目标管理，有效克服传统管理的弊端，提高工作成效，使个体能力得到激励和提高。

德鲁克认为，并不是有了工作才有目标，而是有了目标才能确定每个人的工作。所以“企业的使命和任务，必须转化为目标”，如果一个领域没有目标，这个领域的工作必然被忽视。因此，企业管理者应该通过目标对下级进行管理，当组织最高层管理者确定了组织目标后，必须对其进行有效分解，转变成各个部门以及个人的分目标，管理者根据分目标的完成情况对下级进行考核、评价和奖惩。

一、企业为何推行目标管理

目标管理理念：每个组织成员的目标是为组织整体完成并且根据整体目标而制定的。企业组织根据目标进行管理，组织的上下级沟通会有很大的改善，有助于提升企业的效率。

第一，目标管理重视人性的因素。目标管理是一种全员参与的、自我控制的管理制度，也是一种把个人需求与组织目标结合起来的管理制度。在目标管理制度下，上级与下级的关系是平等、尊重、依赖、支持，下级员工在承诺目标和被授权之后，能够自觉、自主地进行工作。

第二，建立协调统一的目标体系。目标管理将组织的整体目标逐级分解，转换为各部门、各员工的细分目标。从组织目标到经营单位目标，再到部门目标，最后到个人目标。在目标分解过程中，明确权、责、利的关系，这些目标方向一致，相互配合，形成协调统一的目标体系。只有每个员工、部门完成了自己的目标，整个企业的总目标才有完成的希望。

第三，重视工作成果。在目标管理中，工作成果是评定目标完成程度的标准，也是公司绩效考核的主要依据。员工完成目标的具体过程、途径和方法，上级管理者不做过多干预。所以，在目标管理制度下，监督的成分很少，让员工自我管理和控制目标，有效提升员工的经营意识和能力。

二、企业推行目标管理的基本条件

企业推行目标管理，主要有以下几个方面的条件：

第一，企业推行目标管理，需要建立科学的管理基础。企业的各项规章制度比较完善，信息比较畅通，能够比较准确地度量和评估工作成果。这是推行目标管理的基础。

第二，企业领导者对目标管理的重视和支持。在目标管理制度下，企业领导与下属员工之间不是命令和服从的关系，而是平等、尊重、信赖和相互支持的关系。在目标设立和执行过程中，保持有效沟通，使大家的方向一致。企业领导者适度授权，授予下级部门或员工以相应的支配人、财、物等权力，激发员工的主动性和创造性，提高员工的领导力，有助于目标的实现。

第三，目标管理长期坚持，才能达到良好的效果。推行目标管理，很难一蹴而就获得成功。目标管理需要数据采集系统、差距检查与分析、及时激励制度的支撑。因此，目标管理只能逐步推行，而且要长期坚持，不断完善，才能达到良好的效果。

三、企业推行目标管理的意义

第一，企业能够强化管理，持续提高管理水平。以最终结果为导向的目标管理，能够迫使各级管理人员去认真思考目标的效果。为了保证目标的实现，各级管理人员不断思考实现目标的方法和途径。从激励和控制的角度来说，企业有一套目标体系，有一套评价标准，能高效地推动企业的管理。

第二，成果导向，优化组织结构。企业推行目标管理，根据目标去确定组织的任务和结构，目标就成为组织成员们的内在激励。目标体系规定了各事业部和人员的目标和任务，组织机构要按照实现目标的要求来设置和调整，各个职位也应当围绕组织所期望的成果来建立，这就会使组织结构更趋于合理与有效。

第三，责任明确，员工自我管理。在目标管理制度下，员工能够进行自我管理，主动承担完成任务的责任。员工不再只是执行指标和等待指导，而是成为专心致志于自己目标的人。员工能够参与自己目标的拟定，将自己的思想纳入计划之中，了解自己在计划中所拥有的自主处置的权限，能从上级领导那里得到多少帮助，自己应承担多大的责任，就会把管理工作做得更好。

第四，加强监督，对目标有效控制。目标管理也是一种控制方式，即通过分解目标的实现最终保证组织总目标的实现。目标管理能使责任更明确，就能使企业控制活动更有效。控制就是采取措施纠正计划在实施过程中与目标偏离的部分，确保目标和任务的完成。

第三节
企业如何实施目标管理

企业如何实施目标管理？德鲁克也给出了方法，即德鲁克目标管理“三板斧”：第一阶段为确立组织的整体目标；第二阶段为实现目标过程的管理；第三阶段为评价所取得的成果。

一、确立组织的整体目标

公司制定组织的战略，要分为长期发展目标和短期发展计划，这将有利于公司的发展。战略过于远大，可能会使员工失去信心，要根据环境、竞争对手的情况量力而行。一个好的目标会给公司带来竞争力，整体目标的确定要有前瞻性。目标确定之后，要把重点放在结果上而不是“追根溯源”上。

企业整体目标的设置，可以细分为以下四个步骤：

第一，企业高层管理预定目标。既可以上级提出，再同下级讨论；也可以由下级提出，上级批准。首先，无论哪种方式，必须共同商量决定；其次，领导必须根据企业的使命和长远战略，估计客观环境带来的机会和挑战。

第二，重新搭建组织结构和职责分工。目标管理要求每一个分目标都有确定的责任主体。因此，预定目标之后，需要重新审查现有组织结构，根据新的目标分解要求进行调整，明确目标责任者和协调关系。

第三，确立下级的目标。首先明确组织的规划和目标，然后商定下级的分目标。分目标要具体量化，便于考核；分清轻重缓急，以免顾此失彼；既要有挑战性，又要有实现的可能。

第四，企业授予事业部相应的资源配置的权力，实现权、责、利的统一。

二、实现目标过程的管理

目标管理重视结果，强调自主性和自觉性，即要求事业部或员工具有自我管理能力，但这并不等于企业领导者可以当甩手掌柜。企业领导在目标实施过程中发挥着重要作用。首先进行定期检查，利用信息反馈渠道检查目标实施情况；其次要及时通报进度，便于互相协调；最后企业领导者要帮助下级解决工作中出现的困难问题。当出现意外、不可测事件严重影响组织目标实现时，也可以通过一定的手续，修改原定的目标。

三、评价所取得的成果

德鲁克认为，企业要想取得良好的绩效，就必须要求各项工作以达到企业整体目标为导向，尤其是每一位管理者都必须把工作重心放在追求企业整体的绩效上。

目标考评是目标管理的重要环节，其基本目的是检验目标成果、考核管理绩效、改进领导工作和促进下级向更高的目标奋斗。

评价所取得的成果，可以分为以下四个步骤：

第一，建立完整的目标管理体系。企业实行目标管理，首先要建立一套完整的目标管理体系，即从企业高管开始，按级顺推下去，由上而下地逐级确定目标。

第二，明确责、权、利。目标管理体系与组织结构相配合，从而使每个事业部都有明确的目标，每个目标都有明确负责人。

第三，组织实施目标管理。确定目标之后，上级管理者就授权给下级员工，让部门或员工自主地完成经营目标，完成目标主要靠执行者的自我控制。如果在明确了目标之后，作为管理者还像从前那样事必躬亲，便违背了目标管理的初衷，难以取得目标管理的效果。

第四，检查和评价。对企业各级目标的完成情况，要事先规定出完成的期限，定期进行检查。对于最终结果，应当根据目标进行评价，并根据评价结果进行奖罚。

综上所述，德鲁克的目标管理的最大优点就是使一位经理人能控制自己的成就。自我控制意味着更强的激励：一种要做得最好而不是敷衍了事的愿望。它意味着更高的成就目标和更广阔的眼界。目标管理的主要贡献之一就是它使我们能用自我控制的管理来代替由别人统治的管理。

第四节
明确地描述并实现目标

在京瓷公司还是中小企业时，稻盛和夫就不知疲倦、不厌其烦地向员工诉说他的梦想："要让公司成为日本第一，成为世界第一。"于是，起初半信半疑的员工们不知从何时起就相信了他所说的目标，并且为实现这一目标齐心协力、努力奋斗。

稻盛和夫在《领导者的资质》一书中，提到领导者一项重要的资质是"明确地描述并实现目标"。明确目标，无论碰到什么困难都要实现目标。

一、明确事业的目的和意义

企业的领导者作为经营首脑，首先必须明确自身所领导事业的目的和意义，并向部下明示这些目的和意义，尽一切可能取得他们的认同，从而获取众人的鼎力相助。

企业的领导者在兴办事业时，不仅要兼顾到因此而伴随产生的社会意义，还必须注意发挥人的能动力量。

因此，稻盛和夫认为一项事业的目的和意义必须是让不管是领导者还是员工都能感受到自身是在"为了一个崇高目的而工作"的大义名分，这是一种超越一般层次的存在。

领导者在明确事业的目的和意义并且与员工达成共识之后，就需要确立具体目标，制订相应的计划。在这一过程中，领导者必须居于核心地位，广泛听取员工意见，做到集思广益。

这样做的目的是让组织成员在目标和计划的制订阶段就参与其中，从而让他们拥有“这是我们大家共同制订的计划”的意识。也就是说，要让组织成员具备积极参与组织经营活动的自主意识，这一点至关重要。

二、如何明确地描述并实现目标

首先，在设定目标时，领导者要找出一个全体成员都能接受的数字，把它作为目标。如果提出的目标过高，大家都觉得不可能完成，就容易半途而废。

其次，把这个目标进行分解，让团队全体成员都拥有自己的小目标。每个阿米巴组织都要有明确的目标数字，目标必须非常具体，必须成为每一位员工的工作指针。

最后，领导者不仅要揭示目标，而且要让大家相信目标一定能实现。如果目标是在大家充分参与讨论的基础上制定的，那么大家就要对实现该目标负责任。如果公司自上而下、自下而上都亲自参与目标的制定，那这个目标就变成了自己的目标，大家也愿意付出不亚于任何人的努力去实现目标。

三、企业目标始终与员工共有

稻盛和夫认为，企业所设目标必须与员工共有。企业经营者要揭示企业所瞄准的方向和目标，并向员工指明这样的方向和目标，明示组织的发展方针，描绘未来的发展蓝图，指明实现目标的具体策略等，从而引导大家共同前进。这些都是经营者的职责。

企业在实现目标的过程中，不会一蹴而就，总会遭遇各种各样的困境。如果企业所设目标与员工共有，在巨大的困难面前，经营者也能够把组织拧成一股绳，集中大家的智慧和力量，全力以赴地达成目标。

设定具体目标，让员工也有美好的愿景。所谓具体的目标，就是在空间和时间上都必须有明确的目标。现场最小的组织单位也必须有明确的数字目标，每一位员工都要在明确的指针指导之下，持有具体的目标，并愿意付出不亚于任何人的努力。

四、让每一个员工都彻底了解目标

作为管理者，必须了解企业的最终目标是什么，企业对他有什么期望，为什么会有这样的期望，企业用什么标准来衡量他的绩效，以及衡量办法是什么。

在具体做法上，管理者要通过“管理者报告”让每一个员工都彻底了解目标。企业高层管理人员要求员工每年要向上级提交两次“管理者报告”。在这种写给上级的报告中，每位管理者都要说明上司和自己的工作目标分别是什么，提出自己应该实现哪些工作绩效，并阐述这些目标要如何去实施，解决哪些障碍，要采取的具体行动建议。

稻盛和夫认为，要达成企业的目标，就一定要让每一个员工都彻底了解目标。也就是说，让全体成员共同拥有一个目标，并将此作为自己的奋斗目标。

企业有整体目标，每个阿米巴组织也要有各自的经营目标。当月的“销售额”“生产总值”“单位时间核算”等目标数字，一定要装进全体员工的头脑里。公司里无论问到谁，都能脱口而出。让每一个员工都彻底了解目标，能够提升员工的经营者意识，让员工与企业共患难。

在京瓷公司的“阿米巴经营”和“单位时间核算制度”中，由于全员知晓目标、共有并贯彻目标，因此形成齐心协力实现目标的巨大能量。如果包括基层员工在内的全体员工都与企业家同心同德，势必会团结一心，共同奋斗。基于这样的考虑，稻盛和夫就一直非常重视“目标要众所周知，彻底贯彻”。

在企业经营中，如果能让员工和企业家处于同一立场来思考经营活动，那么就能超越传统的劳资关系。为此，就必须让全体员工具备“为企业经营出谋划策”的主人翁精神，为实现目标而努力奋斗。

第五节
树立远大目标

目标代表着企业的基本战略。企业的目标既是方向，也是承诺，目标是为了创造未来而配置企业资源和能量的一种手段。

企业不仅要树立一个明确而远大的目标，而且需要付出巨大的努力。只有树立了远大目标，并为之奋斗的企业才能长盛不衰。

一、树立远大目标，意味着企业目标的挑战性

有挑战性的工作或者目标，将极大地激发人的潜力。因此，企业在设定远大的目标时，应具有挑战性，需要企业员工付出相应的努力和代价才能实现。

稻盛和夫在目标管理上，倡导“树立远大的目标”。他认为，只有胸怀大志，描绘宏伟蓝图，才能成就难以想象的伟大事业。只有拥有远大目标的人，才能够取得伟大的成功。企业一旦设定了远大的目标，朝着这个目标全神贯注、全力以赴，就能走向成功。

稻盛和夫在创建京瓷公司时，就树立了远大的目标。他提出“京瓷要放眼全球，向着世界的京瓷前进”。尽管公司当时还不够强大，但他还是把目光投向世界，立志把京瓷公司打造成为“世界第一的精密陶瓷企业”。

稻盛和夫揭示企业的愿景目标，就是为了进一步提高员工的积极性，鼓足员工的干劲儿。他经常在“空巴”上不厌其烦地向员工诉说着梦想：“要让公司成为日本第一，成为世界第一。”他带领着员工为实现这一梦想齐心协力，共同奋斗。

京瓷公司全体员工共同拥有美好的愿景和目标，就能发挥强大的意志力量，组织就会产生巨大的能量，京瓷公司也迅速成长为强大的企业。

企业为了实现远大的目标，也需要与之相匹配的思维方法。稻盛和夫在对工作、对人生进行不断的自问自答的过程中，提炼和产生了经营哲学，也称“京瓷哲学”。京瓷哲学以“何为正确的做人准则”为判断标准，明确地传达了企业的目标，即清晰地描绘企业未来的样式。

二、树立共同的目标与统一的价值观

如何将个人的力量和责任心与组织的绩效联系在一起？企业要使员工具有共同的目标，朝着共同的价值观努力。共同目标是组织与个人、人生理想和公司现实之间寻求协调与平衡的一个立足点，它增强了组织存在的必然性和合法性。

每个企业都有责任树立共同的目标和统一的价值观。组织必须使每个成员都能够看到实现组织目标的意义，能够使个人得到满足，这样才有可能实现个人与组织之间的协作。

如果这种责任缺失，企业将会成为一盘散沙，也就谈不上发展和壮大。一方面，对个人而言，只有将个人需求融入组织利益，目标管理才真正成为员工任务和责任的依托和纽带，每个人在实现个人目标的同时也实现了组织的目标，目标管理正是一种谋求组织目标与个性和谐发展的智慧和艺术。另一方面，对组织而言，通过目标管理，能够无限扩展每个人的能力和机遇。

案例

阿里巴巴的目标管理

阿里巴巴集团是以马云为首的18人于1999年在浙江杭州创立的。阿里巴巴成立后，开始打造现代企业管理体系，这其中就包括目标管理体系。马云重视目标管理，他说："你没法统一人的思想，但可以统一人的目标。"阿里巴巴的成功主要得益于它独特的经营方式、科学的决策思想和卓越的目标管理。

阿里巴巴的绩效管理体系，提出了四个步骤：定目标、执行目标、拿结果以及奖优罚劣。

一、制定高目标

在阿里巴巴创立之初，马云总是提出一些在当时看起来非常"疯狂"的业绩指标。2003年，每天收入100万元；2004年，每天利润100万元；2007年，每天交税100万元。这让公司上下都觉得匪夷所思。但是，"疯狂"的目标最后都实现了。这些"疯狂"的组织业绩目标是建立在个人业绩目标基础之上的。阿里巴巴的个人业务指标设计，同样体现了目标的高难度取向。在个人绩效考核方面，阿里巴巴采用 5 分制的打分方式，每个季度、每年对个人进行绩效评估。大概只有 10% 的员工能在绩效考核中拿到 4 分。拿到 4 分不仅意味着 12 分的努力，还要发挥创造性。按照常规的方式和方法工作，基本上达不到 4 分。

二、如何更好地执行目标

当目标确定以后，管理者要做的就是每个阶段都对目标的执行进行观察，根据竞争的变化情况和客户的满意情况，以及公司的战略部署及时调整策略和目标。比如，阿里巴巴就一直坚持一个策略，每一个最小单位都要求每天早上开晨会。晨会制度是为了便于管理者了解员工昨天做了什么，今天打算做什么，以及为明天准备了什么。每天的晨会，汇总到一年，就是每一天的个人行动目标变成每一年的组织行动目标。在这个过程中，管理者就能根据情况随时调整策略，调配兵力，最终完成组织目标。

三、拿到结果

目标管理的最终的目的是拿到结果，这个结果就是必须确保团队能够活下去，公司能够活下去，阿里巴巴的体系能够持续下去。

阿里巴巴的高绩效秘诀就是，不管目标多疯狂，都要向着目标跑。阿里巴巴独特的价值观考核至关重要。价值观考核就像“定海神针”，让阿里巴巴的队伍向前狂奔的同时保持凝聚力。

在阿里巴巴，价值观考核与业务考核各占 50%。阿里巴巴驰名的价值观考核就是“六脉神剑”，也就是要强调六个方面：客户第一、团队合作、拥抱变化、诚信、激情和敬业。这六个方面被细分成了 30 条指标，包括具体的行为和精神层面的要求。在细分的 30

条考核指标中，也突出了业绩导向的取向。

四、奖优罚劣

在目标管理中，只有通过奖优罚劣，才知道谁拿到结果，他应该被表扬；谁没有结果，他需要更努力。这自然地就变成了一个组织的行动和习惯。通过奖优罚劣，才能让每个团队调整他们的策略，调整本身的行动，一起来挑战更高的目标。

为了更好地完成企业的目标，阿里巴巴还建立协同机制。比如，作为公司的管理者，要做的就是看得远，明确 5~10 年的策略和目标。第二阶段的关键在于总监，总监这层要能够看清 1~2 年的目标，根据企业战略来落实一年、两年的行动方案和计划。再往下一层就是资深经理，经理要做的是能够看清楚一个季度要做什么，要取得的阶段性结果和目标又是什么。再往下就是普通员工，要做的是确保今天的事情能够做好，明天的事情能够准备好。这就变成了一个组织上下一心的协同机制。目标管理和协同机制，成为阿里巴巴发展道路强有力的推进剂！

本章小结

◎ 德鲁克与稻盛和夫的相同点：

在管理者的目标管理方面，德鲁克与稻盛和夫有异曲同工的观点。德鲁克认为，目标管理的最大优点也许是它使一位经理人能控制自己的成就。目标管理的主要贡献之一就是它使我们能用自我控制的管理来代替由别人统治的管理。目标管理的本质和精髓：成就激励。稻盛和夫认为，企业领导者必须“明确事业的目的和意义”，并向部下明示这些目的和意义，尽一切可能取得他们的认同，从而获取众人的鼎力相助，企业所设目标必须与员工共有。

◎ 德鲁克与稻盛和夫的不同点：

目标管理的出发点不同。

德鲁克认为，组织目标应该从“我们的事业是什么？我们的事业将是什么？我们的事业应该是什么？”这三个基本问题的答案中得出。企业的目标是企业的最根本的策略，它既是一种借以实现企业使命的投入，也是一种用以衡量工作绩效的标准。

稻盛和夫认为，一项事业必须让领导者和员工都能感受到自身是在“为了一个崇高目的而工作”，这是一种超越一般层次的存在。揭示企业的愿景目标，就是为了进一步提高员工的积极性，鼓足员工的干劲儿。

第八章

用成效来管理：有效的决策

3

有效的管理者用人，是着眼于机会，而非着眼于问题。

——彼得·德鲁克

第一节
提高企业管理的成效

德鲁克在多年的企业管理研究中，将研究重点转向如何提高现代社会中知识工作者的生产率，特别是如何提高管理者的工作成效。

一、高效领导者的特征

高效的企业领导者，往往具有这些特征：重视目标和绩效；只做正确而且最重要的事情；知道自己所能做出的贡献；在提拔下属时，他注重的是出色的绩效和正直的品格；他知道增进沟通的重要性；他只做有效的决策。

二、如何成为高效的领导者

德鲁克在《卓有成效的管理者》一书中说："管理者的成效往往是决定组织工作成效的最关键因素，所有负责行动和决策而又有助于提高机构工作效能的人，都应该像管理者一样工作和思考。"德鲁克阐述了如何提高管理的成效、如何成为一名高效的领导者的方法，从而在职业生涯中实现成长和超越。

（1）确定必须要做的事情。

高效的领导者将精力集中在一项任务上，确定哪些属于优先要务，并且紧抓不放。他们会根据组织的价值体系，来确定目标的优先级，设定完成任务的优先顺序。

（2）优先思考和实施符合企业利益的事情。

那些高效率的企业领导者，不管做什么事情，都用分清主次的办法来统筹做事。他们用80%的精力做能带来最高回报的事情，而用20%的精力做其他事情。所谓“最高回报的事情”，即是符合“目标要求”或符合企业利益的事情。

（3）制订切实可行的行动计划。

企业领导者应是实干家，执行是其一项重要的任务。在付诸行动之前，他们必须规划好自己的行动路线。首先，确定自己想要的结果。其次，考虑行动时会受到的约束。在制订计划时，应当预先考虑它的灵活性。最后，行动计划必须成为领导者管理时间的基础。

（4）激发对目标的强烈热情。

做一个项目，如果没有强烈到足以激发行动的愿望，那么无论目标的意义多么重大或者计划多么完美，都很难把事情做好。因此，高效的领导者能产生一种达成目标的热情，这是一种真正的、具有强劲动力的热情。充满热情并且把愿望引导到个人和组织目标上的领导者，其成效和效率会有显著提高。

（5）在沟通中找到解决方案。

高效的领导者要确保自己的行动计划和信息需求能够被他人理解。评估自己和他人，建立双向沟通，创造激发巨大生产力的条件，调整自身行为方式来适应各种人和环境。使自己和周围的人精神更集中，更有效率，提高生产力，并且在沟通中找到解决方案。

（6）每一场会议都必须富有成效。

为了确保会议高效，企业领导者就要保证开会时谈的都是工作，而不是闲话。提高会议成效需要采取大量约束性举措，它要求领导者先确定合适的会议类型，然后严格遵循相应的形式。另外，会议达到了特定目标后，就必须立即结束。高效的领导者不会再提出其他问题进行讨论，而是在做完总结后就宣布散会。

德鲁克由此总结说，高效管理者在性格、优势、价值观等方面是千差万别的，但是他们有一个共同点，那就是都会去做正确的事。提高管理的成效是一门学问，就像其他所有学问一样，我们能够学会，而且必须学会。

第二节
有效决策的关键要素

有效决策是能够保证组织朝着一系列既定目标前进的决定。对于企业领导来说，要充分注意领导决策的有效性，尤其是客观的有效性。

一、决策是管理的中心

决策在现代企业管理中有着重要的地位和作用。管理就是决策，决策是管理的中心。管理关注的不再是如何控制员工，而是如何激发员工的创造力和工作热情，使员工形成相同的价值观，并与管理者共同分享信息和决策的权力。

决策贯穿于管理过程的始终，存在于一切管理领域，存在于管理中每一个方面、每一个层次、每一个环节；决策不仅确定管理的方向和目标，还为达到管理目标提供行动方案，并优化方案。

德鲁克认为，管理者的任务繁多，“决策”是管理者特有的任务。有效的管理者，做的是有效的决策。决策是一套系统化的程序，有明确的要素和一定的步骤。一项有效的决策必然是在充分讨论的基础上形成的，而不是在“众口一词”的基础上形成的。

二、有效决策的五个要素

德鲁克在《卓有成效的管理者》一书中说，卓有成效的管理者之所以能够做到卓有成效，是因为他能够认识到自身的优势和劣势，能够进行有效的沟通、决策，并充分发挥领导能力。

德鲁克提出了有效决策的五个要素：

（1）要确实了解问题的性质。

分析问题的性质是做决策的第一步，问题的性质大致可以分为经常性问题和偶发性问题。如果一个问题是经常性发生的，那就需要建立规则或原则；如果是偶发事件，就一事一议。有效的决策需要花时间来确定事情的性质，一旦事情定性错了，决策的结果也不会正确。因此，需要寻求一个系统解决问题的方案。

（2）要确实找出解决问题的边界条件。

所谓“边界条件”，是指决策应该达到的最低目标是什么。边界条件说得越清楚具体，则据此做出的决策越有效。

（3）研究“正确”的决策是什么。

确定了问题的性质和解决问题的边界条件，就需要仔细思考解决问题的正确方案是什么，以及这些方案必须满足哪些条件，然后再考虑必要的妥协、让步。但是妥协、让步绝不是折中，折中的方案不能满足任何一方的需求，实际上也是最无效的方案。

（4）决策方案同时兼顾执行措施。

我们必须让决策变成可被贯彻的行动，一项决策如果不能转化为行动，对组织不会有任何意义。考虑边界是决策过程中最难的一步，化决策为行动则是最费时的一步。一项决策在实施时如果没有列出具体的行动步骤，并指派具体人的工作和责任，就很难落地。

（5）重视执行过程中的反馈。

有行动就应该有行动结果的反馈。决策的最后一个要素，是应该在决策中建立一项信息反馈机制，以便经常对决策预期成果做实际的印证。

决策是人做的，难免有疏漏，也不可能永远正确。一方面要纠错，另一方面要与时俱进。所以决策需要不断地反馈调整。

三、重大决策必须面向未来

德鲁克认为，所有的重大决策必须面向未来，是为了解决明天的问题，开创企业新的成长空间。因此，需要决策者有对明天的判断和想象力，不能仅仅依靠过去的事实和评价标准来决定未来的出路。

在进行企业决策时，应充分考虑企业第一线员工的经验和知识，因为既是他们最早发现企业存在的各种问题，又是他们通过高效执行和实施，最终解决问题。企业领导者的主要任务就是帮助员工实现他们的愿望，给予员工自主经营的权力，让他们按自己的愿望工作，变被动接受工作为积极主动工作。

因此，企业应该将决策权尽可能下放，对未来的愿景，合理分配企业资源，获得实时反馈，到最低层级，越接近行动的现场越好。

第三节
将行动纳入决策当中

一、什么是行动力

行动力，是指愿意不断地学习、思考，养成习惯和动机，进而获得成功结果的行为能力，其要素包括执行力、影响力和协调力。

在企业管理中，行动包含着执行与沟通，是企业制定与落实思想和策略的具体行为和过程。执行力属于行动力，它连接策略与目标，目标的实现有赖于对策略的正确执行，最终归结到对企业核心思想的坚定奉行；沟通也属于行动，并将思想、策略和行动连接起来。思想起源于与现实世界的沟通，并通过沟通形成策略，通过沟通按策略采取行动，也通过沟通实现对思想、策略和行动的反馈。优秀企业的行动应当是强劲而迅速的，即所谓强势行动，包括“切实执行、有效沟通和快速反应”，它是管理者最基本的职务能力。

二、有效的决策需要强大的行动力

德鲁克认为，有效的决策就是将行动纳入决策当中。化决策为行动是最费时的一步。然而从决策开始，我们就应该将行动的承诺纳入决策中，否则便是纸上谈兵。

企业管理必须始终把经济绩效放在首位，并付诸行动。在每一项决策和行动中都要以经济绩效作为出发点，企业的各项目标必须源于“企业主要业务是什么、它将来会是什么和它应该是什么”。它们不是抽象的，而应是对行动的承诺，是实现企业使命的一种投入。

达成目标，做决策，需要乐观地构思，悲观地计划，乐观地实行。想要成就新的事业，首先要有“期望如此”的梦想与希望，非常乐观地设定目标，这比什么都重要。在制订计划的阶段，要以“无论如何都要成功”的强烈意志，悲观地审视目标和构想，设想到一切可能发生的问题，慎重周密地思考对策。在实行阶段，则应抱着“一定能成功”的自信，积极乐观、毫不动摇地实施下去。

决策完成之后，积极地付诸行动。在工作中能够实现新目标的人，是那些相信自己可能性的人。通过持续努力，人的能力就能无限扩展。一个人抱着“无论如何都要成功”的强烈愿望，坚持不懈地付诸行动。

相信行动的力量，要始终相信自己拥有无限的可能性，满怀勇气，发起挑战，这种心态对决策的成功非常重要。

第四节
实现工作成果

德鲁克在《卓有成效的管理者》一书中说："卓有成效如果有什么秘诀的话，那就是善于集中精力。卓有成效的管理者总是把最重要的事情放在前面先做，而且一次只做好一件事。一次只做好一件事，恰恰就是加快工作速度的最佳方法。"

有效的管理者一定注重贡献，并懂得将自己的工作与长远目标结合起来。可是大多数的管理者都做不到这一点，他们重视勤奋，但忽略成果。他们耿耿于怀的是，所服务的组织和上司是否亏待了他们，是否该为他们做些什么。他们抱怨自己没有职权，结果是做事没有效果。

一、重视贡献是有效性的关键

重视贡献是有效性的关键，体现在以下三点：

第一，承诺于每个阶段的核心目标。管理者想保证工作产出的第一条，就是每个阶段都能规划提炼一个核心目标，然后坚决围绕这个目标来安排日常工作。

重点强调的是，公司业务目标是基础，个人发展目标是结果，即通过公司业务目标的实现，来达成个人目标的实现。

第二，高效能人士的象限。首先，紧急且重要的事情一定不能多。因为紧急且重要的事情必须先做，所以这个象限的事情一定不能多，否则说明你在第一条工作上有问题。其次，紧急但不重要的事情，尽量不要马上做，分析归纳类型，定期完成即可。因为这一类型的工作最容易打乱一个人的工作节奏，扼杀一个人的工作效率。再次，不紧急但重要的事情，集中大块时间，重点做，长期做，高质量做。最后，不紧急且不重要的事情，能不做就不做。需要外部协作的事情优先做。

第三，定期反馈。工作就像行军打仗，工作环境和目标也是变化的，定期报告位置，是能救命也能立功的好习惯。相反，孤军深入是最危险的。

如何养成定期反馈的习惯呢？其实很简单，从心里把反馈当成工作中最重要的一环就可以了。不是应该反馈，而是必须反馈。

二、如何实现工作成果

实现工作成果，则要做到以下三点：

第一，要阐述工作的意义。不仅在感情上打动员工的心，而且需要通过诉说工作的意义，激发他们的积极性和主动性。当他们发现了自己工作中所包含的意义，就会热情高涨，最大限度地发挥自己的潜力。

第二，树立远大目标。为了进一步提高员工的积极性、鼓足他们的干劲儿，揭示企业的愿景目标是非常重要的。企业的全体员工共同拥有美好的愿景，大家都具备“非如此不可”的强烈愿望，那么强大的意志的力量就能发挥出来，组织就会产生巨大的能量，超越一切障碍，朝着梦想实现的方向前进。

第三，让员工发自内心地拥护你、佩服你。为了让员工拥护自己，就需要忘却自我，优先考虑员工的利益。换言之，就是让员工迷恋你，为你的魅力所倾倒，要把员工当成共同的经营伙伴。为此，经营者自身就必须要有自我牺牲的精神。

企业所做的一切出发点都是为了员工的时候，员工势必也能够感受到企业的真诚。科学管理能让一切规范化、条理化，却不能让一个有情感的人焕发出活力与热情。只有认可、尊重等“人性化”管理才能让人感受到尊重与温暖，激发员工的工作热情，才能创造出巨大的工作成果和财富。

第五节
高效管理者擅长激励人心

稻盛和夫认为，使员工明白企业的经营目的，并且让员工分享公司的经营成果，是激励员工的有效措施。稻盛和夫在经营京瓷时，就以大家庭的利益使大家明白自己在做什么，做完以后能得到什么。他让员工持一部分公司的股票，使大家感受到大家庭的氛围。通过这样的策略，稻盛和夫得到员工的信任和支持，并且激发了员工的工作热情。

稻盛和夫提出了“经营十二条”“六项精进”等内容，并且一直积极践行。他也从以下几个方面，使自己成为一名卓有成效的领导者。

一、言行一致，以身作则

高效的领导者要注重团队协作和个人责任，要让人们感到自己是强有力的、有能力的和敢于承担责任的人。

这是作为一个正直的企业领袖最基本的行为准则，更是领导者必须具备的重要素质。以身作则就是通过领导者个人的直接参与和行动，为自己赢得领导的权力和尊重。人们往往首先追随领导者本人，然后才是事业。

职务固然重要，但更重要的是靠自己的行为赢得人们的尊重。要有效地为他人树立榜样，领导者必须首先明确自己的指导原则和价值观。

领导者的行为比语言更重要，它能够反映出领导者是否认真对待自己所说的话。言行一致、以身作则的领导者总是身先士卒、树立榜样，通过每天的行动来表明自己正在为某些信念而奋斗。

二、共启愿景，描绘未来

高效的领导者为组织描绘了一个激动人心、富有吸引力的未来，他们有愿景，对未来拥有梦想，他们绝对相信这些梦想，并且相信自己有能力让奇迹发生。

领导者要激发人们的共同愿景，就一定要了解追随者。要获得众人的支持，领导者就要完全了解众人的梦想、希望、抱负、愿景和价值。

领导者要不断地告诉追随者，这个梦想符合大家的利益。领导者要用生动的语言和极具感染力的方式描绘团队的愿景，点燃大家的激情。

三、推进变革，挑战现状

高效的领导者要从现状出发推动组织变革。领导者既是管理创新的倡导者，也是学习者，应善于从成功和失败中吸取经验和教训。

四、激励人心

高效的企业领导者要鼓舞员工前进，用真诚的行动让员工鼓起干劲儿，奋发向前。领导者工作的一部分就是要赞扬人们的贡献，在组织中创造一种庆功的文化。领导者要从行动上把奖励与业绩联系起来，并保证让大家看到。

稻盛和夫认为，要想使员工具备某种特质，领导者首先得自己拥有这方面的良好品质。所以在激励员工时，领导者首先要学会控制自己的情感。因为领导者的态度和情绪会直接影响与其一起工作的员工。如果领导者情绪低落，那么他的员工也将受到影响而变得缺乏动力；如果领导者满腔热情，那么他的员工必然也会充满活力。

领导者必须掌握鼓舞员工士气的技巧，只有将员工的工作热情都激发起来，企业才能以最低的成本创造最高的价值，并能不断受益，不断发展。

要激励员工、激发员工的工作热情，领导者首先应该明白员工的心理，并且学会赞美，适时提拔员工。每个员工都有实现个人价值的强烈愿望，领导者善于欣赏和认可员工，正是对他们的最好激励。

第六节
稻盛和夫的决策哲学

科学决策是企业管理的核心，决策贯穿整个企业管理活动，决策是决定管理工作成败的关键。

关于科学有效的决策，稻盛和夫认为，领导人要有勇气做出不受欢迎的决策，言人所不敢言。很多时候领导人必须做出困难决定，如解雇员工、削减专案计划的经费等。面对员工的抱怨与抗拒，领导人要耐心聆听并亲自解释清楚，但要勇往直前。

稻盛和夫在决策时，将“作为人，何谓正确”作为所有问题的哲学前提，哲学思考决定着决策的科学性。稻盛和夫在经营企业的过程中，经常碰到很多问题，如税务的问题、员工离职的问题、产品质量的问题等。在这些问题的解决过程中，他总结出来一套决策哲学，即作为一个人，你该怎么做才算正确。他相信，按此指引，人就能做出正确的决策。

一、决策与稻盛哲学

每个企业决策者都有自己的世界观，决策者的决策思维和决策行为受到其世界观的制约或支配。

哲学是理论化、系统化的世界观。稻盛哲学是在直面“作为人，何谓正确？”“人为什么而活着？”这种根本性问题、克服各种各样困难的过程中孕育产生的工作和人生的指针，也是引导京瓷发展至今的经营的哲学。稻盛和夫把“作为人，何谓正确？”作为基准进行判断，采取行动。

作为企业决策者，则应以稻盛哲学为指导，掌握决策的思维方式和规律，根据预定目标，运用科学方法、依照科学程序进行决策。在决策过程中，要善于运用稻盛哲学“作为人，何谓正确？”的基本原理去思考，把稻盛哲学渗透到决策的每一个环节中去，使做出来的决策更科学和符合人性。

二、决策的方法论

决策过程大体分为三个过程：第一阶段，确立问题所在，提出决策目标；第二阶段，从各种方案中筛选出最优方案；第三阶段，做出最终决策并建立相应的反馈系统。

第一，起点就是确立问题。在决策之前，调查研究问题及与问题相关联的一切，这是科学决策的前提。决策总是需要解决某一个问题，而问题的本身各要素之间存在相互制约、相互影响的关系，因此需要对各种问题有清晰的界定。分析和拟订各种可能采取的行动方案，预测可能发生的问题并提出对策。建立在问题基础上的决策目标，才体现出决策的价值。

第二，制订方案和综合优选。拟订方案的过程就是设想、分析和筛选的过程。企业找到了制约发展的问题，拟订方案要紧紧围绕问题实质。为了使决策具有应变性和选择性，在拟订决策方案时要具有前瞻性和应变性，做到有备无患。

从各种方案中筛选出最优方案，则是一种比较的过程。企业领导者要在两个或两个以上的方案中全面比较，合理筛选。在比较和筛选的过程中既要考虑到方案的经济效益，又要看是否符合“作为人，何谓正确？”这个基准。

第三，做出最终决策并建立相应的反馈系统。科学决策是企业管理者的主要职责，决策者的任务，除了组织和激励人们实施决策外，还要审视决策方案实施的效果，形成找出问题、形成方案、落地实施、反馈修正这样一个循环往复、螺旋式上升的模式，使决策始终在一条科学的、合乎实际的轨迹上运行。

决策是哲学思维过程和实践行动过程相互结合的产物。稻盛哲学决定着决策者对事物认识的立场和观点，方法论指导着决策程序的科学性。这要求企业管理者在决策的过程中进行哲学思考。

企业管理者在进行决策时，还要具有准确的决断能力，信守答案在现场的理念，即重视在实践中发现问题和解决问题。管理者的实践活动是建立决策和考察决策正确度的标准。只有在充分管理实践后做出的决策，才是符合实际和有价值的，否则这个决策方案就是纸上谈兵。

案例

马斯克：做的是别人想不到的事

埃隆·里夫·马斯克是美国太空探索技术公司（SpaceX）CEO、特斯拉（TESLA）公司CEO。在胡润研究院发布的《2021胡润全球富豪榜》中，马斯克以1.28万亿元人民币财富首次成为世界首富。

一、太空梦想：将想法付诸行动

马斯克在大学修过物理学，但他并不是个火箭专家。2001年年初，马斯克策划了一个叫“火星绿洲”的项目，计划把一个小型实验温室降落在火星上，包括要在火星土壤里生长的农作物。不过当他发现发射成本比这个项目的研发和工程成本都要高得多的时候，他暂缓了这个项目。

但马斯克并没有放弃登陆火星的梦想。此后，他决定先成立一个公司来研究怎样降低发射成本，这就是 SpaceX 公司。2008 年 9 月 28 日，猎鹰 1 号火箭首次成功发射，这是私人航天公司研发的液态轨道火箭第一次成功进入地球轨道。

2012 年 5 月 31 日，马斯克旗下公司 SpaceX 的“龙”太空舱成功与国际空间站对接后返回地球，开启了太空运载的私人运营时代。

二、做出成功的决策：打造特斯拉

在闯入航天业的同时，马斯克还闯入了汽车业，缔造了著名电动汽车公司——特斯拉。

马斯克向特斯拉公司注资 650 万美元，成为公司最大股东及董事长。马斯克为特斯拉带来了 SpaceX 公司的工作作风，每个人都必须拼命工作，没有周末，困了就在桌子底下睡。

马斯克还为特斯拉带去了产品哲学。他很清楚，特斯拉的第一批用户是富人，而要让富人买单就必须打造一款具有魔幻气息的电动汽车。

特斯拉的成熟产品 Model S 就是这样一款汽车。该车每次充电可以跑 300 多千米，行驶过程中静音效果极佳，驾驶需要的大部分功能可以在一个 17 英寸的触摸屏上实现。车身的设计也很性感，当人靠近车身时，车门会自动打开，车子的许多维修可以通过联网完成，其实就是更新软件。有车主将 Model S 形容为“一台在轮子上运行的计算机”。

马斯克开发特斯拉的目的是改变汽车工业对石油的依赖。但是，只有特斯拉自己做，这个产业无法做大，尤其是难以普及充电桩。为彻底搅动汽车工业，马斯克在2014年对外界宣布开放特斯拉的所有专利。

虽然特斯拉已经取得了行业领导地位，但马斯克很清楚，距离普及电动汽车的愿景还有很长的路要走。

马斯克敢于挑战那些不可能的目标。当他开发PayPal时，人们认为银行业是一个禁区；当他创立SpaceX公司时，人们认为私人发射火箭简直是天方夜谭；当他投资特斯拉时，人们不相信电动汽车可以造得快速、性感和便宜。马斯克今天的成就源自最初的梦想和执着。他以一己之力提升了所在领域的工业水平；他的实干精神、科学的决策和坚定的行动力，使他能够做到别人想不到的事。

本章小结

◎ 德鲁克与稻盛和夫的相同点：

两者都尊重科学决策。德鲁克认为，有效的管理者，做的是有效的决策。一项有效的决策必然是在充分讨论的基础上做成的，而不是在“众口一词”的基础上做成的。稻盛和夫认为，作为企业的决策者，应掌握决策的思维方式和规律，根据预定目标，运用科学方法、依照科学程序进行决策。

◎ 德鲁克与稻盛和夫的不同点：

1. 激励员工的措施不同。

德鲁克认为，科学管理能让一切规范化、条理化，却不能让一个有情感的人焕发出活力与热情。只有“人性化”管理才能让人感受到尊重与温暖，激发员工的工作热情，才能创造出巨大的工作成果和财富。

稻盛和夫则使员工明白企业的经营目的，并且让员工分享公司的经营成果。以大家庭的利益使大家明白自己在做什么，做完以后能得到什么。他让员工持一部分公司的股票，使大家感受到大家庭的氛围。

2. 决策的思考方式不同。

德鲁克提出有效决策的五个要素：要确实了解问题的性质；要确实找出解决问题的边界条件；研究“正确”的决策是什么；决策方案兼顾执行措施；重视执行过程中的反馈。

稻盛和夫在决策时，将“作为人，何谓正确？”作为所有问题的哲学前提。他总结出来一套决策哲学，即作为一个人，你该怎么做才算正确。他相信按此指引，人就能做出正确的决策。

09

第九章

是谁创造利润：参透利润的本质

9

顾客是企业生存的基础。创造顾客必须先考虑如何满足客户的需求、如何认知客户考虑的价值所在，更重要的是究竟如何创造客户的需求。企业只有赢得了顾客，才能真正拥有市场。所以，企业的目的只有一个：创造顾客。

——彼得·德鲁克

第一节
经营的本质是创造顾客

“创造顾客”是德鲁克思想的核心价值观。德鲁克说：“关于企业的目的，唯一正确而有效的定义就是创造顾客。”只有创造顾客才能成就企业！卓有成效的管理者都会提出这样的问题：“什么是顾客？顾客觉得有价值的是什么？顾客是怎么个买法？顾客需要些什么？”于是优秀的企业创造出顾客，占有了市场。

一、顾客决定企业的前途

顾客成为企业最重要的稀缺性资源，顾客决定着企业的命运与前途。因此，谁能占有更多的顾客资源，谁就拥有更多的市场份额，在激烈的市场竞争中立于不败之地。正如德鲁克所言：“衡量一个企业是否兴旺发达，只要回过头看看其身后的顾客队伍有多长就一清二楚了。”

什么是创造顾客？企业创造顾客，就要创造消费条件，消除消费或交易的障碍，使购买行为得以成立，使销售行为顺利进行。创造顾客需要采取有计划、有步骤、有组织的措施，这些措施构成一种商业模式。

要了解企业就要了解企业的外部，要了解企业的外部就要从企业的顾客开始，这是德鲁克管理实践的基本逻辑。企业自身的产品并不会影响企业的前途或者成功，而是顾客最后决定企业的前途和成功。如果顾客改变了，企业也要随之改变。企业要用新的经营模式、产品组合或运用既有的知识，创造并满足顾客的需要。

二、为何以顾客为中心

真正的顾客导向精神是伟大企业的特征。企业为了创造顾客，必须建立两项基本职能：第一是市场营销；第二是创新。

在企业中只有市场营销和创新能够产生出经济成果，其余的一切都是“成本”。从顾客的观点来看，市场营销就代表整个企业的重心。因此，企业的所有部门和全体员工都必须保持对市场营销的关心，肩负起营销的责任。管理的第三项任务，叫由内而外，也就是以顾客为中心。

管理者应该从人的角度来认识企业，市场是由人创造的，因此应该从顾客的角度去感知和界定企业应该提供什么样的商品与服务。

顾客是企业生存的基础。创造顾客必须先考虑如何满足客户的需求、如何认知客户考虑的价值所在，更重要的是究竟如何创造客户的需求。企业只有赢得了顾客，才能真正拥有市场。

不仅是与客户直接接触的员工，公司所有的人都要认真地听取客户的意见和要求。客户期待的是什么？怎样才能让客户高兴？每个人都要站在自己的岗位上进行分析，采取行动。

能让客户感动、让客户从内心感到满意的服务，不是从服务手册中产生的，而是从同客户互动关系中产生的。客户究竟期待什么，要仔细地体会，以最佳的方式予以实现。客户的希望和需求，要用自己的心去感受，用自己的心去回应，这比什么都重要。要在与客户的沟通交流中，创造出对客户最高水平的服务。

稻盛和夫认为，经商的根本，在于“取悦顾客”。只有对顾客的态度和服务是没有界限的。彻底地为顾客奉献，是经营的原则之一。

稻盛和夫经常对员工说“要做顾客的仆人”。这句话表明了与顾客打交道的态度，同时意味着将“顾客至上”贯彻始终。

京瓷在经营中，无论是研究、生产还是销售，各个部门都要彻底地理解和重视顾客的需求。实际上，对刚起步的风险企业来说，这是唯一的生存之道。

稻盛和夫一直强调，要把自己定位为心甘情愿地为客户服务的仆人。“心甘情愿”不是“勉勉强强不得已”的意思，而是乐于当客户的仆人，主动、愉快地为客户服务。

第二节
企业需要利润计划

彼得·德鲁克在《管理的实践》利润篇中谈道：利润是抵抗风险的支柱。

企业首先必须能够创造顾客，因此需要市场营销目标，需要有利润，否则没有一个目标能够实现，因为做什么都需要钱。

一、利润和企业的关系

德鲁克认为，利润和企业的关系就好比食物和人的关系，利润是维持企业生存的食粮。然而，企业的目的却不是利润，企业成功经营的衡量标准也不是利润最大化。企业的目的就是创造顾客需要的价值，企业成功经营唯一正确的衡量标准就是这种价值创造能力的最大化。

因此，企业需要做到以下四点：

第一，寻找市场定位。通过有计划地放弃旧业务和持续创新，不断检讨企业的市场定位，谋求自身的"生态适当位置"，才能源源不断地创造出经济增加值。创新就是从发现和识别这样的机会开始的。

第二，人人成为经营者。营造一种机制和氛围，鼓励和帮助每一位员工，在不同程度上成为创业和创新的工作者，并让他们分享创业和创新的果实。使企业中的每一个人都以不同的方式，在不同的程度和范围内成为企业家，重拾自信、自豪和自尊。

第三，合理定价。为产品和服务制定合理的价格政策，既不受"利润最大化"的迷惑，高价追求超额利润，也不受市场垄断地位的引诱，为了扩大市场份额而低价竞争。历史悠久的杜邦公司始终保持清醒的头脑，即使它发明的产品处于专利权保护的期间，定价也只在当时市场可接受价格的 60% 左右，因为他们明白利润总额永远等于利润率乘以销售量。

第四，不谋求垄断。德鲁克曾经专门探讨什么是一个企业最佳的市场份额，太小了容易沦为边缘企业，在经济不景气时被淘汰出局；太大了则容易使人昏昏欲睡，不求上进。有远见的企业家，应该自觉地不允许自己的企业成为行业垄断者，不谋求垄断。

二、企业需要利润计划

德鲁克提出了从八个不同的领域来寻找并制定目标，以达到目标之间短期与长期的平衡、外界与内在的平衡、个人绩效表现与团体目标的平衡。只有这样，企业才有可能永续经营。

这八个不同的领域分别是营销目标、创新目标、人力资源目标、财务资源目标、实物资源目标、生产力目标、社会责任目标和利润目标。

企业只有设定上述关键领域的目标之后，才能确定企业的利润目标。

“利润”是为了满足三个方面的需要：第一，支付企业继续经营的“成本风险保险费”；第二，企业执行未来工作的资本来源；第三，企业创新及经济增长的资本来源。

德鲁克给我们的忠告是，利润是需要计划的。这种计划的着眼点不是什么最大化的利润，而是维持企业生存和发展至少需要准备多少利润才安全，才足以支付成本。在正确理解利润的前提下，就可以用它作为有效的管理工具，来衡量一个企业全部努力的正确性和净效率。

利润是未来的资本，是顾客未兑现的支票。同时，利润是企业经营成果的最终检验标准，是衡量经理人管理能力的依据。

三、企业财务部门是利润管理的推手

当市场竞争越来越激烈，企业盈利水平趋于微利时，企业的利润管控就显得十分重要。

一方面，由于市场竞争激烈，企业规模经济效应不断降低，企业增加规模，也未必能产生规模经济效应，甚至出现销售越多、亏损越多的状况，有订单不一定有利润。另一方面，市场放缓后，企业增长也比较乏力，企业依靠规模增长来增加更多利润，也面临困难。

商业的本质，是投入与产出的合理化。企业需要在投入和产出方面找到平衡，并做出最佳决策。如果考虑控制成本，企业不增加投入，就会丧失增长动力；如果盲目扩大投资，投资效率不高，又会造成成本大量增加，利润因此受到影响。盈利水平下滑，经济环境下滑，在双重压力的影响下，企业的盈利将变得更为困难。

企业的出路在于，要在资源效率上做文章，提高投资回报，通过内在价值成长，提升经营效益。

在经济转型期，企业财务部门责任重大。财务部门应该更多参与企业经营管理决策，成为利润管理的推手。

第三节
企业要光明正大地追求利润

稻盛和夫在《创造高收益》一书中说，若公司利润不能保证生存，任何梦想都无从谈起。作为企业，没有利润就无法生存。在竞争激烈的市场环境中，由正当的竞争结果决定的价格就是合理的价格，以这个价格堂堂正正地做生意所赚得的利润，就是正当的利润。全体员工用光明正大的方法，付出不懈的努力，作为结果而获得的利润是值得尊重的、无可非议的。

在激烈的价格竞争中，努力推进合理化，提高附加价值，才能增加利润。在所获利润中，要缴纳税金，支付员工工资，给股东分红，并为将来的投资做准备。同时，利润的一部分作为内部留存积蓄起来，以强化企业的财务体质。这样就可以承受因经济和国际形势变动等不测事件带来的业绩恶化。作为结果，员工可以带着自豪感安心工作，企业也为社会做出了贡献。

一、为什么说定价决定经营

稻盛和夫认为，定价关乎经营的生死。是薄利多销还是厚利少销，可以说定价有无数种选择。

企业经营者必须在正确认识自己产品价值的基础上，找到销售量与利润率的乘积最大的某一点，而且这一点必须是客户和企业双方都乐于接受的价格。为了找出这一点，定价时必须深思熟虑。

企业要形成玻璃般透明的经营。京瓷公司以信赖关系为基础开展经营，包括会计在内的所有业务全部公开，形成了无懈可击的体系。举例来说，在“单位时间核算制度”里，所有部门的经营业绩都向全体员工公开。一方面，自己的阿米巴组织的利润是多少，具体内容如何，任何人都可以轻易了解。另一方面，每个人都敞开心扉，在工作上追求公开性。公司内部如同玻璃般透明开放，员工就能够聚精会神地、全身心地投入工作中。

二、企业如何创造利润

稻盛和夫认为，作为企业，没有利润就无法生存。追求利润既不是可耻的事，也不违背做人的基本原则。

作为公司的领导人，必须找出工作中蕴含的意义，激发员工的斗志。还要力求提高生产效率，争取从业务中创造出 10% 的利润来。而要实现这一点，就要革新与改进，尽一切努力降低成本，在实现 10% 的利润率之后，再考虑下一个步骤。

经营者必须为企业的发展和员工的幸福去追求利润。光明正大地追求利润，需要做到以下七点：

第一，作为经营者，领悟经营的原点，就是坚守“销售最大化，经费最小化”。销售减去经费就是税前利润，我们作为经营者就是要努力提高销售量，彻底地减少经费支出。这样一来，利润必定随之而来。

第二，作为经营者，一定要时时了解如何盈利和如何亏损的理由。为此，我们需要构建销售部门的阿米巴核算体系，分析销售部门是否盈利；构建研发部门的核算体系，明确是否创造研发价值，包括对于未来项目的投资目标和实现的成果；制造部门更需要构建以更小单位为核算体系的阿米巴经营。让我们分析单位时间附加值实现的情况，分析各部门实现的经营指标情况，并不断改善损益表和资产负债表。

第三，经费最小化。能否确保经费最小化是成功的关键，以此更进一步完善管理，消除一切浪费，让每一位员工理解控制成本的重要性。通过成本的控制，也能提升内部的实力，降低企业经营的盈亏平衡点。

第四，销售最大化，经费最小化，是培育高收益企业的必经之路。高收益的公司通过改善经营，获得较高毛利，经费也得到控制。这种高收益的体质能够提高企业在经济萧条时期的风险抵御能力，让企业不但渡过难关，还能获得更大的发展机遇。

第五，高收益能够增加自有资本。企业不断创造更好的利润，除了股东确立的分红原则，更多的积累成为企业的自有资本，增加抗风险的实力。

第六，销售额恢复或增长的时候是实现高收益的良机。在销售增长时，一切经费控制很好，企业实现高收益，让全体员工受到激励，感受付出的喜悦，并坚定奋斗的信心。

第七，提高核算意识。经营者必须始终具备很强的核算意识，并且全体员工都要具备自觉参与经营的强烈意识。在企业经营中，即使在销售目标无法达到的状况下，通过削减费用，仍有可能死守住利润目标。意识到利润是销售与费用之差，必须达到计划中的利润目标是理所当然的事。无论在何种状况之下，我们都必须努力让利润最大化。这样不断积累，才能增加企业的内部留存，巩固企业的基础，以应付“黑天鹅”的冲击。

无论是萧条还是增长时期，企业都需要始终坚守“销售最大化和经费最小化”的经营理念，并具体落实到经营的各项活动中，成为经营的本质和原点。

第四节
外部市场与内部市场化

德鲁克认为创新的焦点是市场，不是产品！企业的创新必须永远以市场为焦点。如果只是把焦点放在产品上，虽然能创造出“技术的奇迹”，但只会得到一个令人失望的报酬。

一、德鲁克的企业家战略

市场机制主要靠获利驱动，机制调节。如何成功地将一项创新引入市场、赢得市场是创新市场战略的主要课题。基于多年的理论和实践应用研究，德鲁克具体阐述了四种企业家战略，包括“孤注一掷”战略、“攻其软肋”战略、“生态利基”战略以及“改变价值和特征”战略。

第一，“孤注一掷”战略。“孤注一掷”战略，是指企业以主导一个新市场或新产业，并取得永久性领导地位为战略目标。德鲁克认为，在所有企业家战略中，“孤注一掷”是风险最大的战略，不允许有丝毫闪失，也没有第二次机会。但这个战略一旦成功，它将为企业带来高回报。

第二，“攻其软肋”战略。德鲁克将“创造性模仿”战略与“企业家柔道”战略都称为“攻其软肋”战略，即通过为创新先驱完善薄弱的环节或是提供缺失的元素来抢占市场。

与“创造性模仿”战略不同的是，“企业家柔道”战略瞄准的是尚未成功的产品。这个战略是风险最低、成功率最高的战略，行业的新进入者对抗现有的实力强大的企业，可以攻其不备，逐步蚕食。

第三，“生态利基”战略。“生态利基”战略的目的则是在一个小范围内获得实际的控制权或垄断地位，并保持适当的规模而不追求过度的成长。其侧重点在于占据并控制尚未被占领的位置，而不是讨论如何去应对竞争。

第四，“改变价值和特征”战略。“改变价值和特征”战略有一个共同点，就是创造客户，这是企业的目的，也是所有经济活动的最终目的。它通过四个不同的方式达到这个目的：创造客户所需要的效用、定价、适应客户的社会和经济现状、向客户提供所需的真正价值。

企业家战略与有目的地创新和企业家管理同样重要，将三者结合起来，就构成了创新与企业家精神。

二、稻盛和夫的内部市场化策略

稻盛和夫也重视应对市场变化。为应对时刻变化的市场，各阿米巴需要“活生生的经营数字”，以便采取相应的措施。

首先，制定基于市场价格的部门独立核算制度，利用家庭账簿式的、通俗易懂的“单位时间核算表”，让现场员工都能明白自身部门的实绩。

其次，市场的变化会体现在每日阿米巴的实绩中，所以可快速采取成本削减等措施。为此，阿米巴之间需要进行公司内交易，将市场价格的变动反映到阿米巴的收入中。

最后，进行公司内交易。在反映市场价格的基础上，由部门间沟通决定公司内交易价格，以此掌握阿米巴的收入。从公司内交易的阿米巴收入中扣除阿米巴的经费，计算出阿米巴的盈利（附加价值）。

三、市场机制的三大规律

市场机制的三大规律，体现在价值规律、供求规律和竞争规律上。

（1）价值规律。

德鲁克有经典三问：我们的业务（事业）是什么？我们的顾客是谁？顾客认为的价值是什么？德鲁克认为，企业是什么必须由顾客决定，只有顾客才能提供就业机会，也是顾客通过转移货币价值为企业提供发展资本、资源，来创造满足其需求的产品和服务。只有将公司资源聚焦到更高效地创造顾客价值、贡献功能社会运转的领域，才能形成市场壁垒，占据有利的市场地位，获得持久稳定的事业。

稻盛和夫则提出要把外部充满活力的市场机制引入企业系统中来，也就是将外部的市场定价机制引入企业的内部结构中，建立一套企业内部的价格分解系统、价格机制、定价机制，我们称为“企业内部定价系统”。什么是“价格成本机制”？真正能够成立的价格成本机制往往是一种外部市场认可的价格倒推法，从最终市场价格反向推导到产品的成本上来，看看企业在这种成本条件下到底能否把产品做出来。如果在现有条件下做不出来，那么就应该看一看是否可以通过研发新技术、降低产品成本，把这种客户需要的产品给做出来。这就是阿米巴经营的市场动力机制向企业内部的推导、传导方法，需要产品在销售—生产—研发的全过程链条上形成相互关联的联动机制。实际上，京瓷公司的大量技术创新都是这么被逼出来的，也就是一种能力将来时，把原本不可能生产出来的东西变成现实。其实这才是经营的本质——从无到有的价值创造。

（2）供求规律。

德鲁克发现仅仅从商品的供求关系分析商品社会的运行显然是不够的，所以他说，经济学家“见物不见人”。

供求之间，有一种力量的博弈。一般消费者都会“用脚投票”。当需求者仅仅是因为价格因素决定是否购买，即交易法则（看不见的手）起主导作用时，细分市场处于大量销售方式阶段。在供求关系上，供应者的力量较强，市场是供应者起主导作用。

当需求者不仅仅看产品价格，还看产品的款式等多种因素时，说明需求者选择的资本变强，购买的选择机会变多，需求者具有更强的谈判意愿和筹码。这时候，供求关系逆转，市场逐渐转化为“消费者主导”。

稻盛和夫在讲什么是正当的价格时说，在自由经济的市场上由竞争决定的价格就是正当的价格。这里竞争决定的价格首先是非垄断的，是由供求关系来决定的。

（3）竞争规律。

竞争者利用对手的坏习惯，有针对性地开发产品、开拓市场，并有效地战胜对手，获得市场，德鲁克把这种针对市场领导者弱点的战略称为“企业家柔道”。“企业家柔道”其实是一种市场竞争战略，不仅适用于新行业的建立、新市场的开发，在存量市场竞争中也可以经常看到“企业家柔道”战略。

实施“柔道战略”的企业，首先要占据一个稳固的滩头阵地，这个滩头阵地通常是大公司没有设防或不予以重视的环节。在这场竞争中，大公司往往每次还没有反应过来，就已经被超越，很少有反击的机会。典型的例子就是汽车产业史上日本汽车公司打败美国汽车公司，他们主要靠的就是基于时间的竞争，也就是速度竞争。20 世纪 50 年代初期，丰田公司汽车自投产以来，总销量不到 3000 辆，而此时美国的福特公司一天的产量就是 8000 辆。当时弱小的丰田公司根本无法和福特公司进行竞争，差距太大。但丰田公司决策层通过考察福特公司后发现了“门道”：无法和福特公司在规模层面来竞争，应该和福特公司在速度层面来竞争，做到既质量好又成本低。首先从新车型开发周期切入，改变组织方式，形成基于信息的组织方法——“大部屋模式”，采取新颖的团队合作方式，而非福特公司的基于工作的组织方式——工作流动，人员不流动。就凭着这种团队组织方式的变化，丰田新车型开发周期从 60 个月变成 18 个月，从而在汽车行业逐步站稳脚跟。

稻盛和夫认为，在商业竞争中，有很多企业因为落后、因为弱小、因为适应不了复杂的竞争环境，做了环境的奴隶，被淘汰出局。他们之所以出现这样的悲剧，是因为他们不明白竞争是必然的，每个企业、每个经营者都不应该埋怨，而只有改变才能与时俱进。

在京瓷外部环境不利的情况下，稻盛和夫并没有去抱怨客观环境，也没有向客观环境低头，而是带领京瓷公司认真地钻研，从刚开始的二三流水平一直蓬勃发展到拥有全世界通用的、具有全球竞争力的技术，用产品品质和价格打败美国同行，拿下美国西海岸半导体市场的订单。

第五节 赚钱与分钱

德鲁克对“胡萝卜加大棒”有很精辟的分析。“胡萝卜”是利诱，“大棒”是威胁，两者都是在利用人的弱点，即人性中的贪婪和恐惧，去操控工作者，这与管理的本质背道而驰。

德鲁克的管理学最根本的地方，不是教你如何生存和发财，不是教你怎么成为一个著名的、引人注目的、有社会地位的成功者和企业家，而是教你怎么通过工作使人生有意义。这个有意义的根本，一定在于为他人创造了价值，为他人创造了福利。

关于企业赚钱与分钱，稻盛和夫认为，经营者不能只顾个人的私利，不能只顾满足自己的欲望，而必须考虑员工、客户、交易对象、企业所在社区等的利益，必须与跟企业相关的一切利害关系者和谐相处，必须以关爱之心、利他之心经营企业。

在这种美好的、善良的理念之上，加上拼命努力，经营者不仅能实现“要把企业做大”“要更好地拓展事业”这样的愿望，而且能让企业持续繁荣，经久不衰。

本节试图探讨大师利润观中的人文主义追求、辩证主义思想以及系统思考的精神，解读两位大师的利润观。

一、关于赚钱

（1）德鲁克：利润是有效的管理工作。

彼得·德鲁克在《管理的实践》利润篇中谈道：利润是抵抗风险的支柱。

利润和企业的关系就好比食物和人的关系，利润是维持企业生存的食粮。虽然利润不是经营的目的而是结果，但利润是需要计划的。这种计划的着眼点不是什么最大化的利润，而是维持企业生存和发展至少需要准备多少利润才安全，才足以支付成本。在正确理解利润的前提下，就可以用它作为有效的管理工具，来衡量一个企业全部努力的正确性和净效率。

第一，寻找市场定位。通过有计划地放弃旧业务和持续创新，不断检讨企业的市场定位，谋求自身的“生态适当位置”，才能源源不断地创造出经济增加值。

第二，人人成为企业家。营造一种机制和氛围，鼓励和帮助每一位同事包括一线员工，在不同程度上成为创业和创新的工作者，并让他们分享创业和创新的果实。

第三，合理定价。为产品和服务制定合理的价格政策，既不受“利润最大化”的迷惑，高价追求超额利润，也不受市场垄断地位的引诱，为了扩大市场份额而低价竞争。

第四，不谋求垄断。德鲁克曾经专门探讨什么是一个企业最佳的市场份额，太小了容易沦为边缘企业，在经济不景气时被淘汰出局；太大了则容易使人昏昏欲睡，不求上进。有远见的企业家，应该自觉地不允许自己的企业成为行业垄断者，不谋求垄断。

第五，管理利润。企业家每年要估算企业继续经营所需的成本和费用，据此建立“备用资金蓄水池”，并且根据“蓄水池”所需的资金量规划利润。

（2）稻盛和夫：收入最大化、支出最小化是企业成功的基本概念。

关于利润，稻盛和夫则认为，不要追逐利润，要让利润跟着你跑。收入最大化，支出最小化，是企业成功的基本概念。利润无法通过追逐得来，只有持续增加收入、减少支出，利润才会随着你的努力而来。换句话说，利润就是你不断努力的成果。以上听起来容易，实则不然。企业会反映经营者的个性，并会按照经理人的意志发展。极大的意志力和创造力是使收入最大化、支出最小化的重要原因。亦即强大而明确的“企图心”是必要的。

因此，京瓷首要的奋斗目标就是为员工创造更多的机会。基于这点，我们不但可以促进科技的进步，更有助于社会与人类的发展。这些就是企业应该追求的目标。

其次，追求合理的利润。为了企业的生存和员工的发展，利润是雇主不得不追求的，这没有什么可耻的。自由市场的原则就是竞争，企业所获得的利润是正当营业所应得的报酬。有了利润，可以促使公司的生产流程更加顺畅：生产出高价值的产品，并尽量设法降低价格，减轻顾客的负担。经理人和员工也都是通过努力工作才获得利益的。我们应以此为荣。

企业的本质在于：一方面要使利润最大化，另一方面要满足顾客所有的需求！在自由市场里，利润应该是社会给有功者的嘉许。

二、关于分钱

（1）德鲁克：激发人性中善良的一面。

在分钱方面，德鲁克基于人性的复杂，提出管理就要想办法激发其中的光明和善意的一面，让人的潜能得到充分发挥，这才是管理要研究的大问题。人能够把组织搞好，能够把绩效提上来，也一定能以向上的、积极的心态去追求使命与理想。德鲁克的高明之处在于，他并不站在人性善恶的角度去考虑问题，而是从人性的基本点出发，来衡量管理者的能力。

德鲁克对激励和沟通都有非常独到的见解。在德鲁克看来，激励就是让工作富有成效，让员工有成就感，这是管理的三大任务之一。通常看来，激励无非就是在奖金、提成、福利、待遇上做文章，但是，这种激励是利用了人的内因还是外部动机呢？对人的绩效而言，究竟是内因在起作用，还是外因的结果呢？

动车之所以跑得快，是因为每一节车厢都有动力。那么，企业是要成为“蒸汽机车的车头”，还是想办法把整个团队变成一组动车？德鲁克从人希望有成就感，希望受到尊重出发，提出了成就感才是激励的原动力，而不仅仅是所谓外部的动机。

（2）稻盛和夫：全体员工共同经营。

在分钱方面，稻盛和夫则用阿米巴经营模式使全体员工共同参与经营成为可能。如果全体员工能够积极参与经营，在各自的岗位上主动发挥自己的价值，履行自己的职责，那么他们就不仅仅是劳动者，而将成为并肩奋斗的伙伴，并会具有经营者的意识。

阿米巴关注整体效益，追求附加价值的最大化。在阿米巴经营中，阿米巴设定的经营目标不是成本，而是生产量和附加值。核心点是以最小的成本、费用，实现最大业绩的阿米巴经营团队，关注点在于阿米巴团队创造的附加值。当然，每个阿米巴的经营业绩会有差别，但公司并不因此在工资、奖金上有差别待遇。对业绩好的阿米巴组织只是做些表扬、颁赠纪念品等，对阿米巴团队更为注重精神奖励。对经营业绩不佳的阿米巴组织，公司会严格追究责任。阿米巴经营既提高了员工的成本意识和经营头脑，又提高了员工的职业道德和个人素质，并且对经营业绩进行全局把握。

阿米巴经营模式强调员工的幸福感，把员工的发展放在首位，这也是阿米巴经营模式的魅力所在。在日本京瓷公司，稻盛和夫把追求员工及其家庭的幸福作为公司第一目标。第二目标是协作商的员工及其家庭的幸福，第三目标是客户，第四目标是社区，第五目标才是股东。这个目标序列很大程度上代表稻盛和夫经营哲学的内涵。这也是实行阿米巴经营最重要的一关。

第六节
管理者的责任——利他，还是利己

一、德鲁克：管理应为国家和社会做贡献

对于如何做管理者这个问题，德鲁克认为管理者需要具备的基

本条件是品格正直，而不是拥有天赋。考察一个组织是否优秀，就是要看它能否帮助其成员把长处都发挥出来，并利用每一个人的长处帮助他人，取得成效。因此，对企业而言，管理者的责任就是对组织有效，使员工有所发展。

德鲁克认为，知识工作者要自我控制，关注自己对他人的贡献；管理者不仅要让企业获利，还应该让社会和国家受益。

德鲁克还把价值观引入管理中，为管理注入了新的内涵。他对管理的定义非常简单，管理是界定企业使命，激励并组织人力资源去实现这个使命的过程。他还认为，界定使命是企业家的任务，而激励和组织人力资源属于领导力范畴。通过这两者的结合，通过德鲁克的管理理念，通过他对管理的简单定义，我们能够了解到，他对人的看法，对人性的认知，对管理者、对领导者的认知。

二、稻盛和夫的“利他”哲学

稻盛和夫经营哲学的核心思想是“敬天、爱人、利他”这六个字。与德鲁克思想不谋而合的是，他们都存在利他因素，并与人的利己之心结合起来。

稻盛和夫说，利他是商业的原点。“利他”为稻盛和夫人生哲学的中心理念。稻盛和夫认为，在做出正确的判断时，要以利他之心为基准。在我们每个人的内心世界里，既有利己之心，也有利他之心。仅凭利己之心来判断事物，因为只关心自己个人的利害得失，所以，无法得到别人的帮助。因为以自我为中心，所以视野狭隘，就会做出错误的判断。用利他之心做出判断，因为是站在“为了他人幸福”的立场，所以，能够获得周围人的帮助，也能拓宽视野，因而就能做出正确的判断。

要想把工作做得更好，就不能只考虑自己，在做判断时应该顾及周围的人，满怀为他人着想的“利他之心”。

从德鲁克和稻盛和夫对管理的论述中不难看出，两位经营管理大师对管理的本质和目标的看法是不谋而合的。一个企业只有心怀利他之心，才能创造顾客，才能与顾客分享价值。市场永远充满多变性，既充满了机会，也充满了风险，如果只会抓机会，永远只能做一个商人，机会总是给那些专注、真诚，有强烈利他之心的人准备的。

案例

超额利润分享助推三星转型

三星集团是韩国最大的企业集团，集团旗下3家企业进入世界500强行列。三星有近20种产品的世界市场占有率居全球企业之首，在国际市场上彰显出雄厚实力。三星在数字时代飞速发展，得益于引入美国式的绩效薪酬制度，以及三星前任会长李健熙推行的“自律经营体制”。

1988年，李健熙接班成为三星掌门人，提出二次创业，其中一项重要的举措就是在三星推行“自律经营”。所谓自律经营，就是将企业经营权和责任全部分配给具有专业资质的各分子公司社长，由他们全权负责，让他们就像企业的主人一样，自主思考、自主决策、自主做事；企业赚到钱之后，拿出一部分奖励他们。也就是说，三星集团对各子公司经营层实行的是“明确经营的完全责任、赋予履职的足够权限、按照绩效奖励团队”的管理模式。

李健熙认为，“奖励工资”是人类最伟大的发明，也是资本主义的一大优势。李健熙上任后，大胆打破三星传统，推行“信赏必罚”的奖励工资制度，给管理层发放年薪。三星集团各子公司CEO的年薪中，基本工资只占25%，其余的75%由绩效决定。员工的基本工资比重占60%，另外40%由能力而定。能力评价决定员工实际年薪：评为一级能得130%的酬金；若评为五级，甚至连基本工资都领不到。同一职级的员工，实际年收入最高与最低可以相差5倍。这在李秉哲时代以及当时韩国其他公司是不可想象的，引起了极大的震动。

三星干部和员工与公司绩效绑定的收入有两种：一种是半年一次评定发放的“PI”(生产率奖金)，另一种是一年一度评定的“PS”(利润分享)。PI的数额由半年度业务目标达成情况来决定。每个部门、BU和公司按照“EVA、现金流和每股收益”等指标的半年达成情况被分为A、B、C三级。假如一个员工所在的部门、BU和公司都被评为A，这个员工就能拿到基本工资300%的奖金；如果不幸全是C，就一分钱也拿不到。比如，在市场行情好的时候，存储半导体、移动电话和TV部门的PI就拿得“盆满钵满”，而非存储半导体和家电部门的人就惨了，全部是C，只能拿到惨淡的基本工资。

PS其实是“超额利润分享”。每年三星总部都会给下面分子公司下达一个利润目标，经营年度结束后，如果实际利润超过目标利润，就拿出超出部分的20%作为奖金分配。2006年，三星电子超额利润达到2.52亿美元，当年提取用于员工分配的奖金就高达5040万美元。

在李秉哲时代，三星实行高度集权的管理模式，即源自日本明治时代的“上头指示，下面做事”的集权体制。权力都在总部，下面的分子公司负责人只负责执行总部命令，缺乏主人翁精神，缺少经营主动性。这种体制在短缺经济时代，也就是产量和规模决定胜败的时代固然没有问题，效率也很高。但是在质量、创新和速度决定成败的时代，这种高度集权、僵化、分子公司没有经营主动性的管理体制不再适应新的环境。李健熙在三星推行“自律经营”，目的是要“将集团经营重心下沉”，让分子公司总经理承担起完全的经营责任来。这种“分权”的管理模式，改变了他父亲李秉哲时代高度中央集权的管理模式。绩效薪酬作为“自律经营体制”的一部分，有力地促进了“经营重心下沉”管理模式的发展。

李健熙推行的“自律经营体制”，就是“责权放下去，收入拉开来”。这种管理模式来自美国的“绩效主义”，确实起到了扭转三星既有的僵化体制、激活分子公司经营团队、培养他们的主人翁意识和经营自主性、助推三星新经营转型的作用。

本章小结

◎ **德鲁克与稻盛和夫的相同点：**

1. 服务客户的理念相同。德鲁克认为，只有创造顾客才能成就企业！稻盛和夫认为，经商的根本在于“取悦顾客”。

2. 对利润的看法相同。德鲁克认为，利润是需要计划的。这种计划的着眼点不是什么最大化的利润，而是维持企业生存和发展的最低限度。稻盛和夫认为，作为企业，没有利润就无法生存。全体员工用光明正大的方法、付出不懈的努力而获得的利润是值得尊重的、无可非议的。

◎ **德鲁克与稻盛和夫的不同点：**

两人在员工激励上的原动力不同。

德鲁克从人希望有成就感，希望受到尊重出发，提出了成就感才是激励的原动力，而不仅仅是所谓外部的动机。

稻盛和夫强调员工的幸福感，把员工的发展放在首位，这也是阿米巴经营模式的魅力所在。

10

第十章

形成真正的创新力：创新的管理与价值

企业家要时时保持创新的能力。重大的科技发展并非起步于复杂的技术或是震撼性的发明。要时时努力改进现有的科技，假以时日，必有重大收获。

——稻盛和夫

第一节 激发管理创新

德鲁克谈到创新的意义：创新不是科学或技术，而是价值；创新不是发生在组织内部的某件事情，而是发生在组织外部的某种变革。

企业管理创新则是指企业形成一种创造性思想，并将其转换为有用的产品、服务或作业方法的过程，即企业把新的管理要素（如新的管理方法或手段、新的管理模式等）等引入企业管理系统以更有效地实现组织目标。激发管理创新，就是将组织变革成更富有创造性的组织。

一、企业为何要激发管理创新

企业在长期的稳定经营中，逐步形成了惯性和惰性，既定的、满足的利益格局使企业成员逐步丧失了变革的动机和勇气，导致企业在产品和服务领域与竞争对手的差距逐步缩小，组织活力逐步丧失，潜在的隐性危机初步显现。企业需要以提升核心技术含量，追求更大市场为目的。因此，企业强调要突破旧观念、旧模式、旧技术，组织呼唤创新意识和创新机制，激励创新与变革。

第一，企业追求利润最大化，必须进行管理创新。企业没有利润，怎样体现自己的存在意义，又怎样追求自己的价值？这就迫使企业进行管理创新。

第二，企业进行管理创新，才能实现生存和发展的目标。企业实现发展目标，必须靠科学的管理。通过加强基础管理和专业管理，保证产品质量的提高、产量的增加、成本的下降和利润的增长，这些都依赖于企业管理创新。

第三，企业活力的源泉，在于员工的创新能力。在企业中，员工是最积极、最活跃的生产力要素，企业的一切营运活动必须靠员工来实现。这是企业活力的源泉所在，也是管理成功的关键。

二、激发管理创新的条件

企业激发管理创新，就要创造以下基本条件：

第一，创新主体（企业家、管理者和企业员工）应具有远见卓识，并且具有较好的文化素质和价值观，这是实现管理创新的关键。企业管理者和员工具备一定的核心能力，才能有效地完成管理创新，核心能力突出地表现为创新能力，能够将创新转化为实际操作方案的能力、从事日常管理工作的各项能力等。

第二，企业应营造一个良好的管理创新氛围。企业管理者和员工能否激发创新意识，充分发挥其创新能力，与企业能否营造一个良好的创新氛围有关。

第三，激发管理创新要结合本企业的特点。企业激发管理创新，目的是更有效地整合本企业的资源以完成本企业的目标和任务。因此，管理创新就不可能脱离本企业的特点。

第四，确定创新目标。企业创新活动和创新目标具有很多不确定性，风险较高。因此，企业在激发管理创新时，需要明确管理创新目标，避免盲目推进，浪费企业的资源。

三、企业如何激发管理创新

企业激发管理创新，主要从组织结构、文化和人力资源实践三个方面实施。

第一，从组织结构因素看，建立扁平化组织结构对创新有正面影响。拥有富足的资源能为创新提供重要保证；扁平化组织结构使各事业部之间保持密切的沟通，有利于克服创新的潜在障碍。

组织创新过程是一个系统，不仅会受到组织内部个体创新特征、群体创新特征和组织特征的影响，还会受到整个社会经济环境的制约。组织创新行为又会直接影响组织绩效，包括市场绩效、竞争能力、盈利情况及员工态度等。组织创新往往从技术与产品开发入手，逐步向生产、销售系统、人力资源、组织结构发展，进而进入战略与文化，表现为一种渐进创新的过程。

第二，充满创新精神的组织文化。作为创新主体的企业来说，其文化创新的内容十分丰富，是一种全方位的创新，既包含技术创新、产品创新、市场创新、营销创新、管理创新，还包含观念创新、制度创新、机制创新等。这些创新互相作用、互相影响、互相推动，构成了企业创新的有机主体。在内容丰富的企业创新中，企业文化的创新具有一定的统领性。这除了因为企业文化渗透到企业经营管理的各个方面之外，还因为企业文化在企业竞争中处于重要的位置。

因此，企业要不断赋予企业文化新的内涵和生命力，不断探索企业文化，鼓励企业文化创新，在推动企业发展中发挥企业文化更大的作用。

第三，人力资源管理的作用。有创造力的企业，通常都积极地对员工开展培训，以使其保持知识的更新；同时，它们给员工提供工作保障，鼓励员工成为革新能手，持续进行技术创新和产品创新。

第二节
创新型组织的构建

所谓创新型组织，是指组织的创新能力和创新意识较强，能够源源不断地进行技术创新、组织创新、管理创新等一系列创新活动。彼得·德鲁克在谈到创新型组织时说："创新型组织就是把创新精神制度化而创造出一种创新的习惯。"

创新型组织或企业能够提供改变世界、让世界更美好的产品和服务体系，具有更大的市场价值和国际竞争力，相比保守僵化的组织，更具生命力。

一、创新型组织的特点

在创新型组织中，创新不是某一部分成员的活动，而是整个组织各个层次成员的共同运动。从最高管理者到最底层员工，他们都在有意识地围绕组织目标创新，或组织的结构成就了他们的创新。

在结构、业务、特点、组织和管理哲学等方面，不同的创新组织各有特色，但它们又有一些共同的特点。

第一，了解创新的意义是什么。德鲁克认为，创新型组织知道创新的意义：创新不是科学或技术，而是价值；创新不是发生在组织内部的某件事情，而是发生在组织外部的某种变革。

创新的衡量标准，是它对环境所产生的影响，企业的创新必须以市场为中心。以消费者或顾客的需求作为一项重大变革的出发点，常常是界定新科学、新知识和新技术的最直接方式。

第二，了解创新的运行机制。创新是赋予资源创造财富的新能力，使资源成为真正的资源。相对于掌握新知识、新技术而言，创新型组织更强调整合组织内资源，使创新成为组织的一种功能。

第三，制定创新战略。创新是发展与取得构成企业核心能力的技术与技能的基本手段，是改变企业“基因密码”、实现基因多元化的必由之路。竞争优势主要来源于企业的创新能力。

第四，创新需要完全不同的目标、目的和衡量标准，这些目标、目的和衡量标准与创新动态相适应。

第五，组织创新。企业系统的正常运行，既要求具有符合企业自身及环境特点的运行制度，又要求具有与之相适应的运行载体，即合理的组织形式。因此，企业制度创新必然要求组织形式的变革和发展。同一企业在不同时期，随着经营活动的变化，也要求组织结构不断调整和创新。组织创新的目的在于更合理地通过组织管理人员的努力来提高生产效率。

二、如何建立创新型组织

稻盛和夫在“经营十二条”中，明确了一条重要的内容：不断从事创造性的工作。明天胜过今天，后天胜过明天，刻苦钻研，不断改进，精益求精。

他认为，如果只凭借自己的现有能力判断今后能做什么，不能做什么，就根本无法开拓新事业。只有通过“现在没法实现的目标，无论如何也要想方设法去实现”这种强烈的使命感，才有可能产生创造性的事业和创造性的企业。在这种强烈的意识支配下，每天不断钻研、不断创新，只有在这样的道路中前进，才会出现创造性的事业、独创性的企业。

创新型组织有许多要素，要建立创新型组织，需要注意以下五点：

第一，企业家精神。企业家精神对创新型组织的建立具有决定性作用。彼得·德鲁克提出企业家精神中最主要的是创新，进而把企业家的领导能力与管理等同起来，认为“企业管理的核心内容，是企业家在经济上的冒险行为，企业就是企业家工作的组织”。

第二，共同的创新愿景。愿景为组织的创新指明方向，给员工带来创新的动力，为企业带来凝聚力。共同的愿景有利于全员参与创新，加强团队的协作。

第三，建立创新型组织结构。合适的组织结构使创造力、学习和互动成为可能，使全员参与创新，参与整个组织的持续改进活动。创新组织经常需要跨部门进行，有效的团队合作非常重要。

第四，树立创新领头人。人才资源是组织创新的基本保证。创新充满复杂性和不确定性，经常会遭遇失败，需要投入、支持和鼓励。创新型组织应积极地开展培训工作，加快知识更新。

第五，营造创新氛围。创新型组织通常具有独特的组织文化。企业文化通过员工价值观与企业价值观的高度统一，通过企业独特的管理制度体系和行为规范的建立，使管理效率有了较大提高。创新不仅是现代企业文化的重要支柱，还是社会文化的重要组成部分。创新价值观能得到企业全体员工的认同，行为规范就会得以建立和完善，企业的创新动力机制就会高效运转。

三、稻盛和夫的阿米巴创新型组织

稻盛和夫创建了阿米巴经营，把公司组织划分为被称作“阿米巴”的小组，阿米巴小组就是创新型组织。例如，京瓷公司就是由一个个被称为“阿米巴小组”的单位构成。与一般的公司一样，京瓷也有事业本部、事业部等部、课、系、班的阶层制。稻盛和夫还组织了一套以“阿米巴小组”为单位的独立核算系统。“阿米巴”指的是工厂、车间中形成的最小基层组织，也就是最小的工作单位，一个部门、一条生产线、一个班组甚至到每个员工。每人都从属于自己的阿米巴小组，每个阿米巴都是一个独立的利润中心，就像一个中小企业那样活动，经营计划、实绩管理、劳务管理等所有经营上的事情都由他们自行运作。每个阿米巴都集生产、会计、经营于一体，再加上各个阿米巴小组之间能够随意分拆与组合，这样就能让公司对市场的变化做出迅捷反应。

阿米巴小组这种创新型组织具有以下三个重要作用：

第一，确立与市场挂钩的部门核算制度。公司经营的原理原则是实现销售额最大化和经费最小化，为在全公司实践这项原则，需要把组织划分成小的单元，采取能够即刻应对市场变化的部门核算制度。部门核算制度目的：组织变小，经营课题更加明确；可以了解公司各个角落的情况；员工的核算意识增强。

第二，培养具有经营者意识的人才。根据需要把组织划分成若干个小单元，把公司重组成类似一个中小企业的联合体，把各单元的经营权下放给阿米巴领导，从而培养具备经营者意识的人才。其目的是形成自我挑战的企业文化；培养达成目标的企业氛围；具备实时且正确的经验判断。

第三，实现全员参与的经营。全体员工为了公司的发展而齐心协力地参与经营，在工作中感受人生的意义以及成功的喜悦。其目的是集中现场的智慧；让员工通过达成目标感受人生价值与成功的喜悦。

第三节
创新是企业家特有的工具

彼得·德鲁克在《创新与企业家精神》一书中说：创新是有目的性的，是一门学科。创新是企业家特有的工具，企业家借助创新，把改变视为一个开创不同事业的机会。创新可以成为一门学科，供人学习和实践。企业家必须有目的地寻找创新的来源，寻找预示成功创新机会的变化和征兆。他们还应该了解成功创新的原理，并加以应用。

德鲁克提出创新和企业家精神是为了探讨人们的行动和行为。德鲁克坚信创新与企业家精神的重要性，以此为前提，他更注重创新与企业家精神的实践。

一、企业家精神是创新实践的精神

对于如何成功地培育出企业家精神，德鲁克从现存企业、公共服务机构以及新企业三个方面来讨论企业家管理。这三类企业也正好涵盖了目前我们能够理解的所有组织机构的特性，现存企业会更多地从商业角度出发，注重那些与企业息息相关的社会问题。对社会问题的长期关注，可能会重新定义“公司”的根本目的。

企业家战略是创新市场的战略。如何成功地将一项创新引入市场是企业家战略的核心。德鲁克告诫我们：创新是否成功不在于它是否新颖、巧妙或具有科学内涵，而在于它是否能够赢得市场。他明确了创新在各个领域的作用，只有发挥创新的功效，才有社会的发展。

企业家要时时保持创新的能力。重大的科技发展并非起步于复杂的技术或是震撼性的发明。要时时努力改进现有的科技，假以时日，必有重大收获。

企业家要把创新当成终身的习惯。领导者能时时有创意，并激发员工去想一些新点子，使每个人都参与产品改良的计划。

二、创新是管理者的一项重要职责

德鲁克认为，无论是政治、经济还是科技、文化，无论是历史悠久的大企业还是新开办的小企业，无论是企业界还是非营利机构和政府，处处都有创新的机会，人人都可以成为企业家。他认为，创新是组织的一项基本功能，是管理者的一项重要职责，它是有规律可循的实务工作。

创新需要训练，需要遵守创新的原则和条件，企业家需要主动从中寻找创新的机会。

宝洁公司尽管历史悠久，却一直推陈出新，引领着行业发展的方向。究其原因，宝洁公司并不依赖个人企业家，而是在组织内部建立起一套创新管理机制，即创业型管理。

宝洁公司通过“联发”（联系与开发）这一全新的创新模式，与世界各地的组织合作，向全球搜寻技术创新来源，实现 35% 的创新想法来自与公司外部的连接。宝洁公司采取开放式创新模式成功地实现创新，取得持续的竞争优势，使这家老牌公司持续保持创新活力。

企业领导者具有创新的职责，应尽力在公司内部建立创新管理机制，使组织自动自发地持续创新，成为永续经营的企业。

第四节
企业创新的来源

企业构建创新机制，必须依托于企业所营造的文化环境、竞争环境等。特别是组织创新，将为机制创新提供良好的组织结构，提供激励动因等制度框架，使机制和技术保持主动创新和持续创新的态势。

一、创新的七个来源

现在企业都很重视创新，但是从哪里展开创新呢？德鲁克在《创新与企业家精神》这本书里总结归纳了创新的七个来源。

第一，意外事件。德鲁克说这是最容易利用、成本最低的创新机会。要认真分析意外事件背后的原因，说不定就会发现创新机会。

第二，不协调的事件。意思是说，这事明明从逻辑上、道理上应该行，但实际结果就是不行。这时候，就可能产生创新。

第三，程序需求。也就是寻找现有流程中的薄弱环节，发现创新。

第四，行业和市场变化，往往会带来创新的机会。

第五，创新机会来自人口结构的变化。例如，人口数量、年龄结构、性别组合、就业情况、受教育状况、收入情况等方面的变化，都会带来新的机会。

第六，认知上的变化。意料之外的成功和失败能产生创新，就是因为它能引起认知上的变化。比如，计算机，最早人们认为只有大企业才有用，后来意识到家庭也能用，这才有了家用电脑的创新。

第七，新知识。德鲁克发现，在所有创新来源中，这个创新的利用时间最长，因为新知识创新往往需要多个因素。比如，新知识要求在技术和社会各领域都与其协调一致；以新知识为基础的革新需要好的企业管理；以新知识为基础的革新取决于得到高明的主意等。

德鲁克提醒说，上面这七个创新来源之间，有时候界线很模糊。企业要进行系统化的创新，大概需要每隔半年就看一下自己内部和外部的情况，这时候就可以从这七个方面检查一下，看有没有创新的机会。

二、创新的做法

稻盛和夫认为："创新，不仅是知识的累积，更是灵感的升华。"通往真正的创造力之路，并非由已知的科学知识所累积，而是灵感的升华。这种灵感形成了哲学，在经过证明并为大家所接受之后，终于"变成"了科学。我们若有勇气否定"常识"和传统的科学知识，真正的创造力就可形成。

身为公司的领导者，稻盛和夫宣传创新概念的做法，主要有以下四点：

首先，稻盛和夫要求每一个员工，今天要比昨天更好，明天要胜过今天。这就是日文中的“改善”。

其次，身为企业领导者，必须以身作则，展现出创造力，并鼓励其他人跟随。

再次，领导者要反思是否能坚持每天都做到上述的努力。

最后，在如何让公司成长方面，避免投机取巧，而是通过不断追求创新的努力促使公司自然发展。

稻盛和夫创建京瓷公司之后，采用独特的理念，即把陶瓷技术运用在半导体、陶瓷刀等所有能想到的东西上。其中一项，就是把陶瓷包装用于集成电路板。当时，利用高科技的陶瓷技术，把线路包裹在薄薄的陶瓷片里，加以碾压并烧合在一起，可说是创新的想法。很多人认为，这是“天方夜谭”的事。但是，稻盛和夫支持这个创新思路，京瓷公司的半导体零部件研发成功，并且畅销全球。今天，京瓷的产品已经包括陶瓷刀具、陶瓷文具、珠宝首饰、手机、精密陶瓷零部件、太阳能发电系统等。

第五节
形成真正的创新力

德鲁克说，在创新已经成为一项成功的事业后，真正的工作才刚刚开始。

一、企业形成创新力的对策

创新是企业家精神的独特标志。创新是展现企业家精神的一种手段，创新活动赋予资源一种崭新的能力，使它能够高效地创造财富。凡是能使现有资源的财富生产潜力发生改变的事物都足以构成创新，形成真正的创新力。

提升并形成创新力的对策，主要有以下六点：

第一，创新植入企业的战略框架。企业打造创新力，需要将创新植入企业的战略框架，强化战略管理与创新管理的融合。企业管理者充分发挥独特的想象力与冒险精神，利用互联网时代的新机遇，积极开展企业战略研究，不断开发长远的、超越顾客需求的产品和服务。提高企业创新能力的根本点，是企业家的超前思考和企业的战略决策能力。

第二，采取开放式创新模式。企业为保障创新顺利开展，需要设计有利于创新的组织体系。通过建立扁平化组织架构，使组织内部的联系与交流畅通无阻，并开放组织的边界，整合资源并迅速创新。公司内部形成一个相互联系、交流和相互作用的创新氛围，对公司创新力的形成是至关重要的。

第三，持续地进行管理创新。创新存在高风险，因此，创新需要有效的管理，使创新失败的概率最小化。企业坚持把创新变成可预测的、可持续的商业行为，在全力为创新创造条件的同时，也大力督导创新向正确的方向发展，使创新的每一个阶段都有良好的控制与监督。通用电气就是一个例子。它不仅成名于其“群策群力”原则和无边界组织，还拥有更多创新，如战略计划、管理人员发展计划、研发的商业化等。

第四，企业领导者形成创新意识。企业领导者要树立知识价值观念，不断提高学习能力。重视企业的知识价值，并通过有效的激励促进企业所拥有的知识价值的增值。

第五，构建企业创新的激励机制。企业实行新产品（服务）开发的项目负责制，可以采取以技术入股、收入分成等方式调动员工参与创新的积极性。

第六，构建“鼓励冒险，宽容失败”的创新文化。企业管理方式更为多元化、人性化、柔性化，可以激励员工的创新精神。在鼓励冒险方面，在企业内部营造崇尚创新的氛围，塑造创新的文化，让每一位员工都成为创新的源泉；在宽容失败方面，对创新中遇到的挫折和失败，应采取大度和宽容的态度，以帮助企业和员工形成真正的创新力。

二、企业形成创新力的核心思想

关于创新力，稻盛和夫在《活法》一书中说：“当人类回顾缅怀那些不断开拓出崭新领域的伟大先人的功绩时就会发现，他们正是以‘智慧宝库’所赋予的睿智作为自身创造力的源泉，创造出了无比绝伦的技术，从而推动了人类文明的发展。”

在稻盛和夫的经营经验中，要更好地适应这一时代的要求，其中有一条就是，在现代企业竞争中，知识和信息固然重要，但真正能决定胜负的是创新力。一个企业要更好地适应变化的时代，就必须不断进行管理变革，变传统管理为创新型管理，高度重视人的潜能和创造力的开发，最大限度地发挥人的创造性和主动精神，大力进行新技术开发与研究，提高资金运筹能力与资金效率，不断提供高质量的新产品，建立和完善现代营销体系，以及进行与此相关的制度与组织的创新等。

形成真正的创新力，企业就要产生独具一格的核心思想。企业核心思想既是企业的经营哲学，又是企业价值观的体现，它是企业全体员工所共有的、对企业的长期生存与发展起着重要作用的价值观和方法论，是企业在漫长的经营岁月里沉淀下来的经营智慧和价值取向。它深深融入企业各层级的潜意识中，并沉淀为组织的共同价值观、企业精神、企业使命、企业宗旨等思想文化。企业总体战略目标和发展方向的设定受核心思想支配；企业核心思想是企业战略的前提和保证，并贯穿于战略实施的全过程；企业核心思想投射到员工身上，成为员工的价值标准，这种价值标准则以潜意识的形式影响着每一个员工的行为，并内在地影响着生产经营过程的每一个环节和方面。它可谓“无所不在，无孔不入”。

核心思想是企业创新力最根本的力量源泉。在企业中，优秀的核心思想能激发全体员工的责任感、荣誉感、工作热情和创新精神，由内至外地约束、引导和激励着全体员工的行为乃至整个组织的行为。优秀的核心思想就像一个能量场，其能量渗透到企业的目标、战略、策略、日常管理及一切组织活动中，反映到每个部门、每个岗位、每个产品上，甚至辐射到企业的外部，包括顾客和竞争对手身上，在社会文化浪潮中树立起一面鲜艳的旗帜，不断发挥出更深远的影响力。

案例

乔布斯：创新决定了你是领袖还是跟随者

史蒂夫·乔布斯是美国苹果公司联合创始人。他被认为是计算机业界与娱乐业界的标志性人物，他经历了苹果公司几十年的起落与兴衰，先后领导和推出了 iMac、iPod、iPhone、iPad 等风靡全球的电子产品，深刻地改变了现代通信、娱乐、生活方式。

乔布斯认为创新是无极限的，有限的是想象力。他认为，在一个成长性行业，创新就是要让产品带来更高效率，更容易使用，更便于工作；在一个萎缩的行业，创新就是要快速地从原有模式中退出来，在产品及服务变得过时、不好用之前迅速改变自己。

乔布斯有句经典名言：领袖和跟随者的区别就在于是否创新。从苹果公司的发展历程来看，其每一次的飞跃发展都是由乔布斯引领，由创新驱动。

一、产品和技术创新，一举击败竞争对手

苹果公司在高科技企业中以创新闻名。苹果公司在创立之初，主要开发和销售个人电脑。在其后的发展过程中，乔布斯进行大刀阔斧的改革，停止了不合理的研发和生产，结束了微软和苹果多年的专利纷争，并开始研发新产品 iMac 和 OS X 操作系统，不断推出的创新产品让苹果公司得以重生。从 iPod、iMac、iPhone 到 iPad，苹果公司不断地推陈出新，引领潮流。苹果也从最初业务单一的电脑公司，逐步转型成为高端电子消费品和服务企业。

在这些产品中，最重要的是 iPhone 的推出。手机智能化是移动电话市场的发展趋势，苹果公司抓住了这一千载难逢的机会，或者说苹果公司推动了这一趋势。2007 年，苹果公司首次公布进入 iPhone 领域，正式涉足手机市场。苹果通过在产品、性能、操作系统、渠道和服务方面的差异化定位，一举击败其他竞争对手，打破诺基亚连续 15 年销售量第一的垄断地位，成为全球第一大手机生产厂商。

二、营销创新："捆绑式营销"带动销售量

"出售梦想而非产品。"乔布斯让人们对苹果公司产生了这样的

印象，即苹果打动消费者的不是其生产的产品本身，而是这些产品所代表的梦想。

在营销创新方面，苹果公司的“饥饿营销”策略让很多消费者被牵着鼻子走，同时为苹果聚集了一大批忠实粉丝。乔布斯最为经典的一幕，就是他身穿黑色上衣和蓝色牛仔裤站在发布会上。苹果公司的产品会，就是一次引领潮流的盛会。与此同时，苹果一直采用“捆绑式营销”的方式带动销售量，让用户对其产品形成很强的依赖性。

三、商业模式创新：将硬件、软件和服务融为一体

在乔布斯的带领下，苹果公司开创了一个新的商业模式，将硬件、软件和服务融为一体。这一模式的成功，让苹果看到了基于终端的内容服务市场的巨大潜力。在其整体战略上，也已经开始了从纯粹的消费电子产品生产商向以终端为基础的综合性内容服务提供商的转变。

此后，推出 APP Store 是苹果战略转型的重要举措之一。“iPhone ＋ APP Store”的商业模式创新适应了手机用户对个性化软件的需求，让手机软件业务开始进入一个高速发展空间。苹果的 APP Store 是对所有开发者开放的，任何有想法的 APP 都可以在 Apple Store 上销售，销售收入与苹果七三分成，除此之外没有任何的费用。这极大地调动了第三方开发者的积极性，同时丰富了 iPhone 的用户体验。这才是一种良性竞争：不断拓展企业的经营领域和整个价值链范围，使市场中的每个玩家都能获益。

乔布斯是改变世界的天才。他凭借敏锐的触觉和过人的智慧，勇于变革，不断创新，引领全球资讯科技和电子产品的潮流，把电脑和电子产品变得简约化，这也是乔布斯留给世界的非凡遗产。

本章小结

◎ **德鲁克与稻盛和夫的相同点：**

两人在鼓励创新方面理念一致。德鲁克认为，创新是有目的性的。企业家借助创新，把改变视为一个开创不同事业的机会。稻盛和夫在“经营十二条”中明确了一条重要的内容：不断从事创造性的工作。明天胜过今天，后天胜过明天，刻苦钻研，不断改进，精益求精。

◎ **德鲁克与稻盛和夫的不同点：**

创新的出发点和方式不同。

德鲁克提倡竞争，推崇自主创新。德鲁克认为，企业要重视为员工提供公平竞争的环境和氛围，以充分发挥每个人的才能。企业把新的管理要素（如新的管理方法或手段、新的管理模式等）引入企业管理系统以更有效地实现组织目标。

稻盛和夫认为，企业家要时时保持创新的能力。日本企业由于国内市场有限，历来有很强的危机意识和忧患意识，导致他们特别善于学习和借鉴其他民族优秀经验。在学习和借鉴中，他们形成了善于创新和注重创新的精神。

11

第十一章

激励人性：注入经营的真谛

管理是一门真正的博雅艺术。管理者要做的是激发人的善意，释放人本身固有的潜能，创造价值，为他人谋福祉。这就是管理的本质。

——彼得·德鲁克

第一节 公司治理与经营

管理大师彼得·德鲁克指出："大公司的管理不是由一个人指挥千军万马，而是借一套特定的机制来传递责任并互相负责的流程。"他认为，最好的组织结构也不一定保证一个组织可以取得成果和杰出的绩效，而组织结构不合理，它的绩效肯定糟糕，它只会造成摩擦和挫折。不合理的组织结构把注意力集中在不恰当的问题上，加剧不必要的争论，小题大做。同时，它使弱点和缺陷加大，而不是使长处和优势加强。所以，恰当的组织结构是取得良好绩效的先决条件。

一、公司治理与经营的三个维度

公司治理与经营，主要包括企业体制、经营体制和利润体制等。企业体制、经营体制、利润体制不是三个层次，而是三个维度，三位一体。它们之间的关系如图 11-1 所示。

企业体制，以"产权"为主题，以治理结构为主要内容，以组织体系为载体，解决的是企业的利益格局问题。具体内容包括企业组织架构、股东会、董事会、监事会、总经理层的议事规则，上级对下级的管控模式（如集权、分权、授权等）。

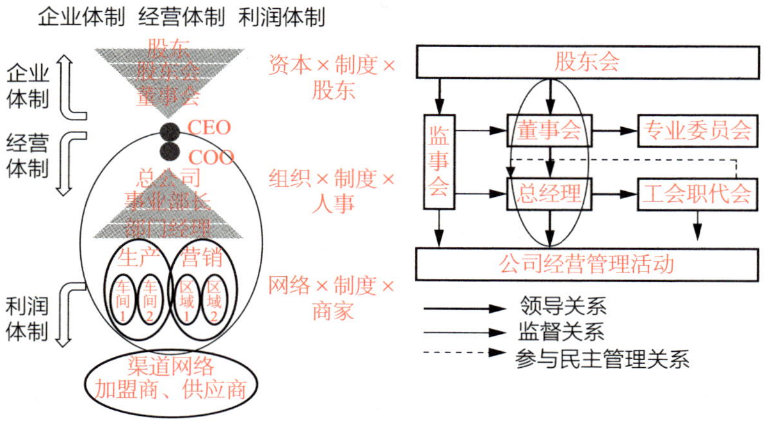

图 11–1　企业体制、经营体制和利润体制的关系

经营体制，以“经营”为主题，以激励（约束）机制为主要内容，以各利益相关者（部门、岗位）相互作用的方式为载体，解决的是企业的动力和活力问题。

利润体制，以“利润”为主题，主要涉及创造利润的部门，如生产部门和营销部门等。

二、公司治理与经营的分权制度

在公司治理与经营方面，德鲁克与稻盛和夫的区别是分权制度。

稻盛和夫为他的经营模式起了个“阿米巴经营”的名字，如果从管理理论上溯源，则要追溯到德鲁克的模拟分权制。

（1）德鲁克的“模拟分权制”。

作为管理学大师的德鲁克，在组织架构上提出了“联邦分权制”（或称事业部制）和“模拟分权制”。

联邦分权制，是按照企业所经营的事业，包括按产品、按地区、按顾客（市场）等来划分部门，设立若干事业部。事业部是在企业宏观领导下，拥有完全的经营自主权，实行独立经营、独立核算的部门，既是受公司控制的利润中心，具有利润生产和经营管理的职能，也是产品责任单位或市场责任单位，对产品设计、生产制造及销售活动具有统一领导的职能。

模拟分权制则是要模拟事业部制的独立经营、单独核算，因而不是真正的事业部制，实际上是一个个“生产单位”（或称经营体）。这些生产单位有自己的职能机构，享有尽可能大的自主权，负有“模拟性”的盈亏责任，目的是要调动员工的生产经营积极性，改善企业生产经营管理。

需要指出的是，这些划小的“经营单位”之间实际上的经济核算是由企业政策决定的，依据的是企业内部制定的价格，而不是市场价格。也就是说，这些生产单位并没有自己独立的外部市场，这是与联邦分权制的本质差别所在。

但“模拟分权制”存在先天缺陷：既然要“享有尽可能大的自主权，又负有‘模拟性’的盈亏责任”，那就要求“经营体”成员要“看重绩效”；但因为事实上各“经营体”并不独立面对外部市场，彼此之间有紧密的业务关联，因此不能过分强调个人和小团体的利益，因而又要求员工“看淡绩效”，这就造成了心理上难以协调的“矛盾”。

（2）稻盛和夫的“阿米巴经营”。

在日本，稻盛和夫成功地践行“阿米巴经营”，京瓷和KDDI的成功经营、日航的扭亏为盈折射出“阿米巴经营”的可复制性。

阿米巴经营要求各个阿米巴经营者独立核算、自负盈亏。这种模式成功的原因在于：首先，企业主和阿米巴经营体都要把“作为人，何谓正确？”作为行事处世的判断标准，这样才可能防止个人主义和小团体主义；其次，企业主要有大义之心，以“在追求全体员工物质和精神两个方面幸福的同时，为人类及社会的进步与发展做贡献”的信念下，构建企业的经营哲学。在形成哲学共有的前提下，才有可能克服“模拟分权制”的先天缺陷。

稻盛和夫在创业后的第二年，就遭遇 11 名新员工“要求企业为他们未来负责”的挑战。经过剧烈的思想斗争，稻盛和夫得出了这样的结论：员工把青春贡献给了企业，当然希望企业能照顾他们的未来，所以一个企业主一定要有为员工幸福担当责任的思想。也是从那时起，稻盛和夫完成了从一个普通的经营者向真正的企业家的转变。

第二节
为公司注入经营的真谛

2010 年 2 月 1 日，稻盛和夫临危受命接手破产的日航；2012 年 3 月 31 日，日航已成为全球航空业的利润冠军。短短两年，稻盛和夫到底给日航做了哪些经营管理上的大手术？

总体来说，日航改革的成功 = 经营方案 × 人心 × 执行。稻盛和夫在日航只做了以下三件事情：为日航植入经营哲学；改造日航现有财务系统，导入经营会计；建立适合日航特点的阿米巴经营体制。日航的组织改革如图 11–2 所示。

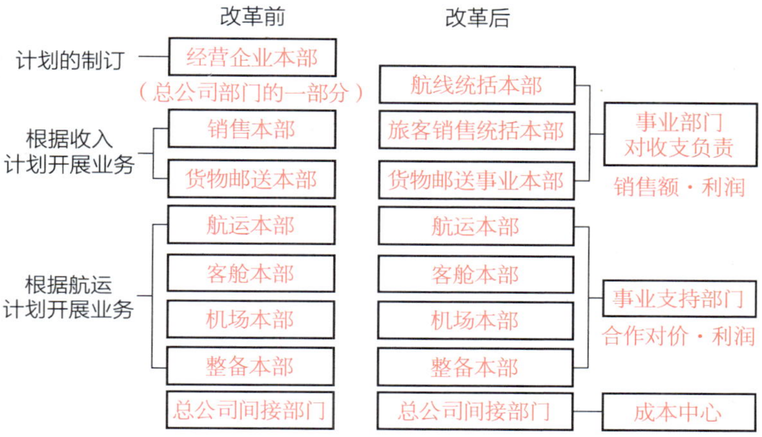

图 11–2　日航的组织改革

一、改革前的日航陷入困境，原因何在

经营上遭遇“内忧外患”被认为是日航破产的主要原因。

在内部，日航的主要弊病体现在运营成本高和体制僵化两个方面。而运营成本过高的主要原因有以下三点：

第一，劳动力成本高。日航支付给员工的薪水是同行业的 2 倍，并且日航员工享受到的各种福利标准也是其他公司无法相比的。

第二，航线成本高。日航有 150 多条国内航线，但是搭乘率超过 70% 的航线不超过 20 条。再加上日航曾接收了国内赤字航线，因而不得不维持着高成本的航线运营。

第三，飞机成本高。日航的飞机品种多，老化快，对于驾驶员和飞机维修人员技术要求各不相同，增加了飞机人工费用的支出。日航中还有众多能耗大的大型飞机，更让飞机成本居高不下。

另外，日航受到在国有企业时期形成的旧观念和制度的影响，对自己的体制弊端视而不见，体制严重僵化、机构臃肿。在运营方面，管理层长期依赖政府买单，公司过多地听从政府指令，市场意识薄弱。例如，为帮助政府拉动就业，开辟了许多无利可图的航线，导致企业负担日益加重；员工在惯性思维的影响下，也过着“做一天和尚撞一天钟”的日子，企业内部几乎没有人再认真考虑如何去提高日航的业务效率。

在外部，日航的发展主要受到外部经济环境和日本高速铁路“新干线”两个方面的影响。

二、稻盛和夫的改革，为日航注入“经营真谛”

稻盛和夫接手日航后，日航的改革迅速取得了巨大成功。

（1）第一步：植入经营哲学/理念，转变员工思想。

如何才能让日航恢复往日的活力？稻盛和夫想到自己创办的京瓷和 KDDI 进入 500 强凭借的就是稻盛哲学这个武器。于是，他开始思考如何将哲学融入日航重建之中。稻盛和夫认为，必须将经营的哲学传递给日航的每个员工，改变员工各自为政的思想，恢复企业的凝聚力。于是接下来的每个月，稻盛和夫都要开一次大会，向员工传授他的经营哲学——敬天爱人，引导员工热爱自己的工作和生活，要求员工投入热情做事，不要仅仅是遵照工作守则，而是要发自内心地为客户着想。

稻盛和夫对日航重建的努力，被日航员工们看在眼里，对他们的服务意识产生潜移默化的影响。员工们的心被稻盛哲学和经营理念紧紧抓住，他们都发自内心地盼望着日航早日腾飞，为此更加拼命地努力工作。日航的状况一天天好转。

（2）第二步：导入经营会计体系，分析调整经营策略。

日航长期以来多数航线亏损，主要原因是经营者们无法在经营上做出准确的判断。

经营者们为什么无法在经营上做出准确判断呢？主要是经营者们并不清楚每条航线和每个航班的具体损益状况。更进一步说，是经营者们普遍缺乏经营中的数字意识。

稻盛和夫认为会计报表上的数字就是为经营者指引正确方向的“指南针”。经营者必须依据数字才能把握企业实际的经营状况，从而做出准确的经营判断。也只有依据这样的数据，干部、员工们才能有针对性地出谋划策、改善经营。在导入经营会计不久后，大家很快建立了盈亏意识。

稻盛和夫趁热打铁将“实现销售额最大化和经费最小化”作为日航经营的原理和原则。为实现这一目标，日航开始进行大刀阔斧的改革。

经营会计的引进让日航对自己的经营状况更加了解，同时让日航在制定经营策略时更加快速、准确。

（3）第三步：引入阿米巴分部门的核算体制，实现循环改善。

为了让经营会计这个系统量化的工具在日航重建过程中发挥更大的作用，让日航从根本上扭亏为盈，稻盛和夫决定将阿米巴分部门的核算经营体制引进日航，让日航的各个部门成为一个个更精细的小集体，再对这些小集体进行独立核算管理。

通过阿米巴分部门核算，日航每条航线被划分成一个个独立的小集体，每条航线都以一个经营责任人为核心，员工们主动参与航线经营，实现“全员参与经营”。参照这种做法，日航也将飞机维修和机场的各个部门尽可能地划分为一个个更小的集体。这种精细的部门独立核算经营机制，不仅确立了与市场挂钩的核算制度，也让小集体经营者们对每条航线掌握得更清楚。在阿米巴模式下，小集体经营者的经营意识逐渐增强，为更快地提高日航员工的经营能力打下了良好的基础。

在日航重建过程中，阿米巴分部门的核算经营体制巩固了第一年努力的成果，真正实现了日航全员参与经营，使日航的经营利润不断提升，朝着正确的方向前进。

三、日航重生带来的启示

日航再度飞天这个奇迹告诉我们：谋略固然重要，然而更重要的却是经营人心。

稻盛和夫在拯救日航的过程中，首先选择的是从人心出发，导入哲学理念，改变日航员工们的思想，让他们树立利他之心，激发他们为日航全心全意服务的热情。在奠定了良好的哲学基础的同时，稻盛和夫开始利用系统的经营会计量化工具对日航进行剖析，贯彻日航的经营理念，清晰日航的经营策略，层层深入，确定了正确的战略方向。最后利用阿米巴经营中的分部门核算经营体制对日航进行精细化管理，实现全员参与经营。

第三节
激励人性理论

人性假设：X 理论和 Y 理论，由美国行为科学家道格拉斯・麦克雷戈提出。激励人性理论对比如表 11–1 所示。

表 11–1　激励人性理论对比

西方理论	经济人“X”	社会人	自动人“Y”	复杂人“超 Y”
中国理论	性恶论： 人之初， 性本恶。	性善论： 人之初， 性本善。	尽性主义： 个性中心论。	流水人性： 善恶不是天生，是后天教育的结果。
内涵	目好色，耳好声，口好味，心好利。骨体肤里好愉逸。（荀子）	恻隐之心，羞恶之心，辞让之心，是非之心。（孟子）	把各人的天赋良能发挥到十分圆满，人人可以自立。（梁启超）	人性无善与不善，犹水无分东西，决诸东方则东流，决诸西方则西流。（告子）

X 理论的人性假设是静止地看人，相应的管理方式是“胡萝卜加大棒”，一方面靠金钱收买和刺激，另一方面严密控制、监督和惩罚迫使人为组织做出贡献。麦克雷戈发现现实组织的结构、政策、制度均以 X 理论为依据。

在新观点 Y 理论的作用下，管理人员把重点放在创造机会、发掘潜力、消除障碍、鼓励成长、提供指导的过程等方面。

X 理论完全依赖对人的行为的外部控制，而 Y 理论则重视依靠自我控制和自我指挥。这种差别就是把人作为孩子来看待还是作为成年人来对待。Y 理论有其积极的一面，但并非所有人都是如此。

一、管理是激发人性的善

人性假设，就是对人的本质的认识，它是建立科学管理理论的基础。在不同假设前提下，管理者会采取不同的方法与手段来激发员工的工作热情。

在《卓有成效的管理者》一书中，德鲁克有两个最基本的人性假设：①卓有成效是必须学会的；②卓有成效是能够学会的。这两个假设实际上就是基于德鲁克对人性中善的一面的基本分析。

基于人性的复杂，管理就要想办法激发其中的光明和善意的一面，让人的潜能得到充分发挥，这才是管理要研究的大问题。人能够把组织搞好，能够把绩效提上来，也一定能以向上的、积极的心态去追求使命与理想。德鲁克的高明之处在于，他并不是站在人性善恶的角度去考虑问题，而是从人性的基本点出发，来衡量管理者的能力。

同时，德鲁克把价值观引入了管理当中，为管理注入了新的内涵。他对管理的定义非常简单，指出管理是界定企业使命，激励并组织人力资源去实现这个使命的过程。他还认为，界定使命是企业家的任务，而激励和组织人力资源属于领导力范畴。通过这两者的结合，通过德鲁克的管理理念，通过他对管理的简单定义，我们能够了解到他对人的看法，对人性的认知，对管理者、对领导者的认知。

人的需求中，有一点是成就感，人需要活得更加有意义。因此，成就感就是激励的原动力。所以应该说，目标管理和自我控制理论是德鲁克站在人性分析的基础上所得出的结论，包括联邦分权制。这不仅是一种组织形式，还是管理者要想办法将人之善激发出来，同时抑制人性的阴暗面，抑制人对权力渴望的一种方式。在我们的组织架构中，怎样才能让人性中的阴暗面得不到表现的机会呢？德鲁克提议，要采用联邦分权制，如权力要分散进行，要合法。特别是针对权力的合法性，如要想办法让负责任的人，让各个部门、各分公司或者业务单位的人负起责任来，这都是联邦分权制的内容。

二、经营者要磨炼灵魂

美国著名社会心理学家马斯洛将人的需求分为五个层次，从低到高依次是生理需求、安全需求、社交需求、尊重需求和自我实现需求。

这五种不同层次的需求，对人类而言，都需要通过一种方式来获得，那就是工作。只有通过“不亚于任何人的努力”，才能够获得满足生理需求的物资，获得安全的保障，在工作中还能够满足社交需求；当你做出一定的成绩时，你将会获得他人的尊重；如果你能够达到稻盛和夫这种层次，自我实现需要就自然会得到满足。

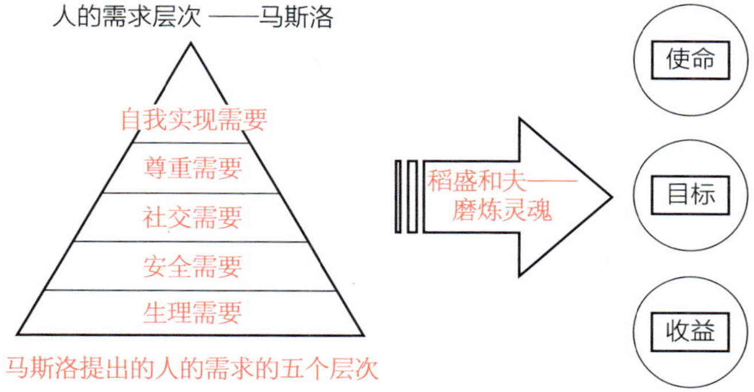

图 11–3　人的需求层次与稻盛和夫经营理念

稻盛和夫认为为了实现使命、达成目标和创造高收益，必须不断地磨炼灵魂。

他认为人性善恶同时存在。他说，为什么会表现出善或恶，就要看人心中善的成分与恶的成分比例。如果善多，则是性善，反之就是性恶。每个人心中的善恶都是同时存在的，关键是你要磨炼哪一个。

在稻盛和夫看来，人生的目的，首先就是磨炼心性。换句话说，人生最重要的目的就是磨炼灵魂。无论何时何事，都要表达感谢。

一切成功归结于“利他之心”。从“利己”转变为“利他”，让稻盛和夫的生活和经营得到了重生。在他看来，做企业同样如此，以获得财富、博取名声为目的而开创事业的人，即使企业获得一时的成功，也终究无法发展壮大。

培育美好心根。每个人来到这个世上，并非都是带着纯洁美好的心灵。而我们需要做的，就是在自己的人生中努力磨炼灵魂。

同样，是否适合当领导者，由“心根”决定，而组织的好坏则取决于领导者的心。领导者的人生观、思维方式和心中抱有的思想理念，会原封不动地反映在组织和集团的存在方式上。

稻盛和夫认为，如果自己不能成长为一个受人尊敬的人，那么不管口头上如何强调“让我们共同努力吧”，这种热情也无法传递。

“提高心性，拓展经营”，这是稻盛和夫在面对经营者时，一贯坚持的态度。只有提高人格，才能驱动人心，“自省”则是不断修正自己，提升心性的绝好方法。

第四节
从管理思想到管理实践

管理活动源远流长，人类进行有效的管理活动，已有数千年的历史，但从管理实践到形成一套比较完整的理论，则经过了漫长的历史发展过程。回顾管理学的形成与发展，了解管理大师对管理理论和实践所做的贡献，以及管理活动的演变和历史，这对每个学习管理学的人来说都是必要的。

美国管理大师彼得·德鲁克说过，如果你理解管理理论，但不具备管理技术和管理工具的运用能力，那么你还不是一个有效的管理者；如果你具备管理技巧和能力，而不具备管理理论，那么充其量你只是一个技术员。从管理思想到管理实践的过程中，管理工具至关重要，如图 11-4 所示。

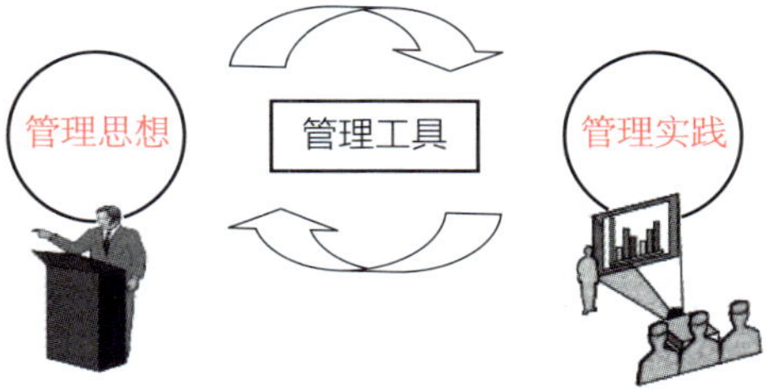

图 11-4　从管理思想到管理实践

德鲁克和稻盛和夫都是具备管理思想和管理实践的大师。追寻大师足迹，重温大师思想，能够使人受到很大教益。

一、德鲁克管理理论渊源和主要架构

德鲁克的思想源头和基础，是西方源远流长的个人主义、保守主义和自由主义。前两者亦可归入广义的自由主义范畴。

（1）德鲁克构建了现代组织及管理理论的庞大体系和结构。

当代管理学的战略理论、营销理论、企业文化理论、领导理论以及组织行为理论，都可以从德鲁克理论体系中找到源头。

（2）德鲁克战略理论。

其主要观点和理论架构（模型）如下：

①企业的目的是创造顾客。②经营理论或事业理论。③战略特

征和成长类型。德鲁克认为，战略是一种选择，是一种取舍。有时候不做什么比做什么更重要。④创新和企业家精神。德鲁克所言创新，是广义的创新，不仅包括技术创新，而且包括顾客价值创新、管理及组织创新等。⑤不确定环境下的战略选择。作为社会生态学家，德鲁克关注社会及产业系统的变化，研究了许多产业的演变趋势。德鲁克敏锐地发现了社会经济系统的不确定性和非连续性，将其作为当代组织面临的主要挑战。

（3）管理行为。

1954 年，《管理的实践》出版，标志着管理学理论的诞生。自工业革命和市场经济出现以来，工商企业成为社会组织的主要形态。

1）管理的定义。德鲁克认为，管理是一种实践，最重要的不在知而在行。管理是学科但不是科学。管理是通过他人的工作来获取成果。管理者不能什么事都亲力亲为，需要激发被管理者的潜能和积极性。德鲁克发出了至今仍震撼人心的呼吁：管理就是要成就他人！

2）目标管理。管理者的主要任务在于激发员工承担责任的意愿，通过分权等为其完成职责创造条件。责任人，是德鲁克念兹在兹的核心管理概念。

目标管理，使员工个人理性和组织理性统一起来了。员工所承担、承诺的责任，是组织责任的一部分；员工自愿、自主的行为，是组织协同行为的组成部分。所谓心往一处想，劲儿往一处使。透过目标管理，德鲁克解决了组织悖论：个体和组织如何兼容。

3）卓有成效的管理者。《卓有成效的管理者》是一部影响千万管理者的伟大著作，许多人就是从这本书开始进入德鲁克世界的。

何为管理者？

第一，管理者是所有权和经营权相分离的产物。管理者不是股东（主要指控制人）私人代表，而是组织责任的担当者。管理者因责任而存在。第二，管理者未必是带团队者，一些知识型员工也是管理者。第三，管理者并非天资过人的天才，甚至可以说人人都是管理者。

何为有效或者卓有成效？

有效是指产生成果。管理必须产生成果，而成果出现、存在于企业外部，并不是内部。也就是说，检验成果的唯一标准是顾客价值。

说到成果，德鲁克认为，它来源于机会，而且对企业来说往往分布于较少的领域，因此需要集中力量。管理者的有效性，是一种可以训练和学会的技能，是一种习惯。

德鲁克提出有效的管理者，与知识型员工出现以及壮大有关。这些人一方面有了超越经济利益的动机和追求；另一方面不愿意被控制和摆布，希望有一定的自由空间。而成为卓有成效的管理者，可以实现他们的自我价值。

二、稻盛和夫确立经营理念

稻盛和夫的经营思想由三个层次或者说三个部分构成，分别是经营哲学、经营理念、经营手法。这三个层次是递进关系。

（1）经营哲学。

稻盛和夫在不断地对工作以及人生进行自问自答的过程中，总结出了京瓷哲学（以下简称“哲学”）。这个哲学是通过实践得出的人生哲学，其根本在于“人应该怎么活着”。如果以正确的生活方式去度过人生，那么每个人的人生就会变得幸福，公司也会得到发展。

“哲学”是怎样的一种思维方式？稻盛和夫认为哲学是在直面“作为人，何谓正确？”“人为什么而活着？”这种根本性问题，克服各种各样困难的过程中孕育产生的工作和人生的指针，也是引导京瓷发展至今的经营的哲学。

（2）经营理念。

稻盛和夫在经营企业的过程中，开始持续认真地思考“公司应该成为一种怎样的组织”这个问题，最终意识到公司经营必须保护员工及其家属未来的生活，为大家谋幸福。进而认识到要使公司取得长期发展，就必须为社会的发展做出贡献，履行社会一员的责任。之后，京瓷把公司的经营理念确定为“在追求全体员工物质与精神两个方面幸福的同时，为人类和社会的进步与发展做出贡献”。京瓷公司也因此从一个以“让技术得以问世”为目的的企业转变为追求全体员工幸福的企业，从而确立了公司经营的牢固基础。

（3）经营手法。

阿米巴经营是稻盛在京瓷公司的经营过程中，为实现京瓷的经营理念而独创的经营管理手法。

阿米巴经营把公司组织划分为被称作“阿米巴”的小集体。各个阿米巴的领导者以自己为核心，自行制订所在阿米巴的计划，并依靠阿米巴全体成员的智慧和努力来完成目标。通过这种做法，生产现场的每一位员工都成为主角，主动参与经营，从而实现“全员参与经营”。

稻盛和夫不仅思考总结了经营哲学和经营理念，还将这些经营理念应用于企业经营实践中，并且取得卓越的成绩。稻盛和夫创立的京瓷公司、KDDI 以及稻盛主导重建的日本航空等企业都引进了阿米巴经营，稻盛和夫在这些企业经营中，发挥了重要的作用。

案例

通用电气经营之道

1981年，年仅45岁的杰克·韦尔奇成为通用电气历史上最年轻的董事长和CEO。他去求见德鲁克，咨询有关企业成长的课题。德鲁克送给他一个简单的问题：假设你是投资人，通用电气这家公司有哪些事业，你会想要买？德鲁克的这个问题对韦尔奇产生了决定性的影响，使韦尔奇找到了经营的真谛。经过反复思考，韦尔奇做出了著名的策略决定：通用电气旗下的每个事业，都要成为市场的领导者，“不是第一，就是第二，否则退出市场”。

在短短20年间，这位商界传奇人物使通用电气的市场资本增长30多倍，达到了4100亿美元。他所推行的“六西格玛”标准、全球化和电子商务，几乎重新定义了现代企业。

一、不断改革管理体制

由于通用电气公司经营多样化，品种规格繁杂，市场竞争激烈，所以在企业组织管理方面也积极从事改革。20世纪50年代初，通用电气就完全采用了“分权的事业部制”。当时，整个公司一共分为20个事业部。每个事业部各自独立经营，单独核算。以后随着时间的推移，出于企业经营的需要，该公司对组织机构不断进行调整。

二、通用电气注重以人为本

在通用电气公司发展的108年历史当中，激动人心的事件数不胜数，并且每个事件都把通用电气引向更加成功的方向。20世纪80年代初，通用电气将自己臃肿的350个业务部门精简为10个核心业务部门，使其成为行业中的龙头；这是一家多元化公司，11个业务集团拆开来排名，有9个可以进入《财富》500强。通用电气企业文化拥有了为人们津津乐道的“群策群力”“速度”“无边界”“横向学习”等概念和方法。

通用电气有一整套考核和激励人员的方法，对员工的要求是既有通用电气价值观又有业绩。员工可以参加“360度”评估，就是让你的上司、同事、下属和客户从不同角度对你进行评估，让你知道如何提升自己。经理要心平气和地与下属坐在一起，告诉他们在公司中所处的位置，尽早和员工说实话，让他有认识，使员工不断进取、天天向上。

三、通用电气关注客户需求

通用电气的每个业务集团都是其行业领域的第一或者第二，是因为通用电气最大限度地关注着“客户需求”。客户从来没有像现在这样，正在需要越来越多的服务，通用电气从“客户需求”中获得了无限商机。比如，通用电气的飞机发动机免拆卸维修，就是为客户提供最大限度的服务，而此类业务也使通用电气从供货商变成一种合作伙伴，拓展了利润空间。

四、通用电气公司的用人之道

美国通用电气公司在管理过程中也十分重视人的作用。他们认为，企业的成功取决于人才储备。因此从最高领导者到各级人事部门都很重视用人之道，并建立了一整套人事管理制度，从职员的招收录用、培训、考核任免到奖惩、工资和解雇等方面，加强对人的科学管理，做到人尽其才，以确保通用公司在高度竞争的世界市场环境中居于领先地位。

用人之道在于调动人的主观能动性和积极性，过去通用电气公司人事部门叫“人事管理部”，强调“管”。但单靠“管”是不能激发人的工作热情的，人事部门的任务是开发和挖掘人的潜力。因此人事部门现称为“人力资源部”。

各级人事职员受业务部门和人事部门双重领导，关系隶属人事部门。他们不集中办公，而是分散到各个业务部门中工作。由于通用电气公司人员流动大，调动频繁，每年约有45%的人员职务或职位有变动，所以人事部门工作人员的第一件事就是要熟悉和关心职员。一位人事部经理说：“在一个家庭内，父母关心着每一个成员。同样在公司内，人事部门要以父母之情去关心公司的每一位职员，随时回答他们的问题，了解他们心里想什么、干什么和为什么，尽量帮助他们解决困难，使他们心情愉快地工作。”

人事部门根据公司的生产、工作情况制定各部门人员编制。在定编定员时要与各用人单位协商，方案由各集团的总经理认可后执行。

通用电气公司用奖优惩劣来调动职工的工作热情。一般公司通过提高工资、晋升职务、发奖金等手段来表扬和鼓励职员不断上进。但通用电气公司认为金钱不是万能的，对一个人的最大激励是给他们探索、创造的机会，让他们承担更重要的责任，给予他们荣誉。公司经常在各种范围的会议上，表扬那些工作优秀的职员，介绍他们的成就，并且公司最高领导亲自授予证书、奖章。

通用电气公司的经理们从长期的实践中深深懂得了人才是他们成功之保证。他们拥有世界上第一流的技术和管理人才，因此通用电气能在激烈竞争中保持不败并处于领先地位。但他们并不满足于已经取得的胜利，而是注意创造条件去迎接未来更激烈的竞争。优秀的人才是未来胜利的保障。所以他们不惜花大量经费、人力用于职工的教育与培训事业，以期保持领先地位和管理现代化，不断扩大市场，提高效益。

本章小结

◎ **德鲁克与稻盛和夫的相同点：**

基于人性的管理，他们理念相通。德鲁克认为，管理就要想办法激发人们光明和善意的一面，让人的潜能得到充分发挥，这才是管理要研究的大问题。“提高心性，拓展经营”是稻盛和夫在面对经营者时一贯坚持的态度。只有提升人格，才能驱动人心，“自省”则是不断修正自己，提升心性的绝好方法。

◎ **德鲁克与稻盛和夫的不同点：**

1. 理论渊源和主要架构不同。

德鲁克构建了现代组织及管理理论的庞大体系和结构。当代管理学的战略理论、营销理论、企业文化理论、领导理论以及组织行为理论，都可以从德鲁克理论体系中找到源头。

稻盛和夫的经营思想由三个层次构成，分别是经营哲学、经营理念、经营手法。这三个层次是递进关系。

2. 文化背景的不同。

德鲁克是美国管理模式的代表。美国企业组织一般标准化、程序化程度高，组织内部各部门责任、权限明确，有可能按照规范经营。企业的决策方式是个人决策，自上而下、强调个人责任、重视定量分析。

稻盛和夫是日本式管理的代表。稻盛和夫重视能够同甘共苦、犹如家族般的信赖关系。这可以说是京瓷员工们携手并进的基本出发点。

12

第十二章

看不见的管理：经营哲学推动企业发展

2

哲学是在直面“作为人，何谓正确？”“人为什么而活着？”这种根本性问题、克服各种各样困难的过程中孕育产生的工作和人生的指针，也是引导京瓷发展至今的经营的哲学。

——稻盛和夫

第一节
强有力的组织依靠使命驱动

在管理学发展史上，德鲁克做出了巨大贡献，他清晰界定管理的使命和地位，提出一整套管理的哲学及艺术。

德鲁克的管理哲学建立在严格法制规则和清晰价值观的生态环境基础之上。德鲁克的管理哲学，博大精深，深入浅出，相比稻盛和夫的经营理念，更加重视管理规则、管理体系和管理制度的建立和完善。

一、管理者的第一要务是重新定义公司使命

德鲁克认为，管理者具有三大使命："达成目的，使工作者有成就感，履行社会责任。"富有成效的领导者，第一要务可能是重新定义公司的使命。

为了从战略角度明确企业的使命，应系统地回答下列问题：

（1）我们的事业是什么？

（2）我们的顾客群是谁？

（3）顾客的需要是什么？

（4）我们用什么特殊的能力来满足顾客的需求？

（5）如何看待股东、客户、员工、社会的利益？

一个强有力的组织必须要靠使命驱动。企业的使命不仅回答企

业是做什么的，更重要的是为什么做，这是企业终极意义的目标。崇高、明确、富有感召力的使命不仅为企业指明了方向，而且使企业的每一位成员明确了工作的真正意义，激发出内心深处的动机。

因为每一个企业都有责任树立一个共同的目标与统一的价值观，所以企业必须拥有简明扼要、清晰明了而又独一无二的宗旨。组织的使命是必须拥有很高的透明度和足够大的规模，以便能够提供一种共同的愿景。管理面临的首要任务在于思考、制定和说明这些宗旨、价值观与目标。

让企业管理者具备使命感，企业需要建立优秀的核心思想，优秀的核心思想能激发企业管理层的责任感、荣誉感、工作热情和创新精神，由内至外地约束、引导和激励着企业领导者的行为乃至整个组织的行为，不断发挥出深远的影响力。企业管理者受企业文化核心价值观标准或企业精神的激发与感染，将产生文化觉醒和行为自律，使自我的职业行为更加符合文化的引导、行为的约束和使命感的召唤。

二、管理者要让企业的使命成为整个团队的使命

稻盛和夫有关领导者的五个资质——具备使命感、明确地描述并实现目标、必须不断地挑战新事物、必须获取集团所有人的信任和尊敬、抱有关爱之心——的阐述，为当下的企业经理人确立了明确的标准。

具备使命感，并让这种使命感为整个团队所共有，是领导者首先必须具备的资质。人一旦拥有了可以为之舍弃生命的信仰、信念、决意、责任感和使命感，就等于拥有了百折不挠、永不屈服的勇气。

只有具有了强烈的使命感，才有可能产生创造性的事业和创造性的企业。例如，在京瓷公司就有全体员工共有的经营理念：“在

追求全体员工物质和精神两个方面幸福的同时，为人类社会的进步发展做出贡献。”这样的企业使命，员工都能从内心产生共鸣，他们就会团结一致，为公司的发展竭尽全力。像这样揭示出每个人都能从内心认可的、无论谁都可以共同拥有的目的，就能让团队的全体人员团结一致，为共同实现这一卓越的理念而努力工作。

因此，企业领导者需要提出团队能够共同拥有的、符合大义名分的、崇高的企业目的，并将它作为企业的使命。企业领导者具备使命感，并让这种使命感为整个团队所共有，这就是领导者必须具备的最基本的资质。

第二节
形成强大的核心文化力

“追求全体员工的物质和精神幸福”“为人类社会的进步和发展做出贡献”，这是日本京瓷公司的经营理念。稻盛和夫确立了这种经营理念，有效激发和调动员工的积极性，促使京瓷获得快速的发展。

稻盛和夫意识到了企业文化对京瓷公司的重要性，从而创立了阿米巴组织模式，并将京瓷哲学作为京瓷公司的企业文化，贯彻到每个人的心中，使公司的效率和创新能力得到了极大的提高，企业的竞争力得到了极大的提高，公司成功地度过了大萧条。这说明企业文化在企业管理之中起着重要的作用。

一、企业文化逐渐成为一种新型的企业管理理论

无数知名企业的经营实践表明，企业文化不仅可以促进组织财务业绩提升，而且可以成就企业基业长青。

20 世纪 70 年代，美国企业群体在同日本企业群体的竞争中连连败北。面对严峻的竞争形势和挑战，西方管理界开始着手对美、日两国的典型企业进行对比研究，企望能探究日本企业取胜的奥秘。

经过对两国企业生产和发展的比较研究，专家们发现：美、日两国企业之间的差距不在技术、设备、资本等物质要素方面，而在两种企业文化的差异。

日本企业普遍具有更强大的凝聚力，员工具有更强的奉献精神，企业内部上下一心，相互协调，踏实肯干，纪律严明，有极强的适应和应变能力。这一切都归功于日本人将西方理性和东方灵性融为一体的企业文化，至此，“企业文化”这个概念引起了美国学者和世人的广泛关注。

经过对美、日企业优势的对比研究，西方学者发现日本企业既注意“硬件”管理，又重视“软件”管理。

《日本企业管理艺术》的作者理查德帕·斯卡尔和安东尼·阿索斯指出，日本企业成功的秘诀在于硬管理与软管理的有机结合。作者还在书中提出了一种框架性管理模型，即“7S”管理模式，如图 12-1 所示。

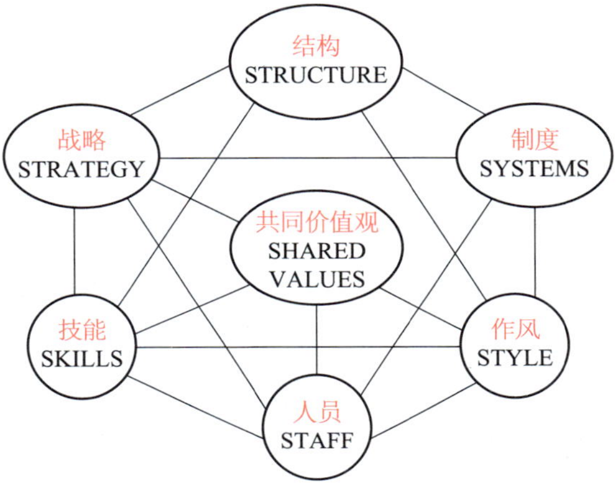

图 12–1　“7S”管理模式

研究发现，日本企业成功的主要因素是在重视三个硬性 S 的同时，更加重视四个软性 S；而美国企业在管理中过分偏重三个硬性 S，忽略了四个软性 S。

第一，前“3S”：管理的硬件。

战略：包括计划、措施，指一个企业如何获取和分配有限的资源以达到预定的组织目标。

结构：指一个企业的组织方式。

制度：指信息在企业内部传送的程序、形式。

第二，后“4S”：管理的软件，即企业文化。

人员：指企业的人力资源状况。

作风：指企业领导者、管理人员的行为方式和企业的传统作风。

技能：指主要人员或整个企业的独特能力。

共同价值观：指能够激励人心、将职工个人追求与企业组织目标很好地结合起来的价值观念或最高目标。

二、企业为何要打造强大的核心文化力

京瓷公司的成功，得益于京瓷哲学的成功，得益于稻盛和夫在京瓷公司打造出强大的核心文化力。

只有企业文化的力量才是人内生的力量，才是最深刻、最为终极的力量源泉。企业文化是渗透到组织血液里的东西，它决定了组织的思维模式、心智模式，以及价值取向，决定了组织的行为模式和使命认知，因而它是企业本质的力量。

企业文化对企业竞争力的形成、作用、保持和促进起着根本性的支撑作用，决定着企业在市场活动中的态度，决定着产品、服务的价值取向和交付标准，决定着企业自身的组织规范和行为准则。即企业将以怎样的态度，怎样的方式、手段来运用企业的资源参与市场竞争。这些都是企业竞争力形成的前提条件和后续保证。由此可见，企业的文化力决定了企业的核心竞争力。

核心文化力就是企业的核心竞争力，它符合核心竞争力的特征：

（1）不易模仿性。

企业文化要经历一个长期演进过程、经过不断锤炼涤荡逐步形成，而难以通过市场交易或简单地仿效、移植来获得。例如，稻盛和夫在经营京瓷事业过程中，虽然遇到过各种各样的困难和痛苦，但最终还是渡过了难关。他在不断地对工作以及人生进行自问自答的过程中，总结出了京瓷哲学。京瓷哲学又称稻盛哲学，带着稻盛和夫个人的印记，不容易模仿。

（2）稳定性与延展性。

企业文化具有相对稳定性，可在时间维度和空间维度上延展，可以从一个产品延展到另一个产品，从现行事业延展到未来事业，一般不会因时间的流逝而发生本质上的变化。企业的核心哲学思想

最具稳定性和延展性。品牌形象的延展性正是知名企业借以实施品牌扩张与战略延伸的基础。

（3）差异性与变化性。

企业文化的差异性与变化性体现在企业拥有，独一无二；既保持着相对稳定性，又总是处于不断发展变化中。核心策略的独占性和时效性是核心文化力差异性与变化性的主要原因和动因。

（4）提升顾客价值。

顾客是企业核心竞争力的最终裁判者，核心竞争力必须为用户提供根本性的好处或实惠。核心文化力可以带来优质的或企业独有的深具差异化的产品、服务和价值，因而拥有不可替代或效仿的顾客价值提升作用。

任何仅仅将某一项专有技术、垄断资源或畅销产品视为企业核心竞争力的企业都不可能成为百年企业，更不会获得基业长青式的发展。因为他们更多地关注对有形价值的依赖，从而忽视或淡化了“人的价值”。而企业真正的核心能力应该是以人为皈依的，影响人、改变人、培育人、提升人的“优秀企业文化的力量”，即持续获取竞争优势的能力。

第三节
经营哲学与管理相结合

企业的经营哲学，既是企业的核心思想，又是企业价值观的体现，它是企业全体员工所共有的、对企业的长期生存与发展起着重要作用的价值观和方法论，是企业在漫长的经营岁月里沉淀下来的经营智慧和价值取向。它深深融入企业各层级的潜意识中，并沉淀为组织的共同价值观、企业精神、企业使命、企业宗旨等思想文化。

一、经营哲学是企业文化力最根本的力量源泉

企业总体战略目标和发展方向的设定受其核心思想支配。企业核心思想是企业战略的前提和保证，并贯穿于战略实施的全过程。企业核心思想投射到员工身上，成为员工的价值标准，这种价值标准则以潜意识的形式影响着每一个员工的行为，并内在地影响着生产经营过程的每一个环节和方面。它可谓“无所不在，无孔不入”。

在社会生活中，道德、伦理、宗教等意识形态的力量无时无刻不影响着人们。在企业经营中，优秀的经营哲学能激发全体员工的责任感、荣誉感、工作热情和创新精神，由内至外地约束、引导和激励着全体员工的行为乃至整个组织的行为。优秀的经营哲学就像一个能量场，其能量渗透到企业的目标、战略、策略、日常管理及一切组织活动中，反映到每个部门、每个岗位、每个产品上，甚至辐射到企业的外部，包括顾客和竞争对手，不断发挥出更深远的影响力。

二、以经营哲学创办企业

经营哲学是一个企业特有的从事生产经营和管理活动的方法论和原则。它是指导企业行为的基础。一个企业在激烈的市场竞争环境中，面临着各种矛盾和多种选择，需要一个科学的方法论来指导，有一套逻辑思维的程序来决定自己的行为。

稻盛和夫正是以经营哲学来创办企业。稻盛和夫在经营京瓷公司的过程中，形成了独特的经营哲学。他认为，办企业和做人一样，都应遵循一些伦理原则，如“敬天爱人”“诚实公正”“满招损，谦受益”等。他还提出了“思想＋热情＋能力＝成功”的方程式，认为一个人即使天赋不出色，依靠高度的热情和正确的思维方法，同样可以获得成功。他因此说道：“我之所以取得了今天的成功，原因在于我的‘哲学’。”著名学者季羡林评价稻盛和夫说：“他讲他成功的历程，讲他对人生的看法，讲许多与他的本行陶瓷业有关或无关的问题，到处洋溢着表面浅显、实则深刻的哲学思维，说来头头是道，娓娓动听。”

稻盛和夫将经营哲学与管理相结合，使其创办的京都陶瓷株式会社和 KDDI 都进入世界 500 强，两大事业皆以惊人的力道成长。

稻盛和夫主张，办企业不能一味地只是赚钱，其最终目的是贡献社会，既要利己，又要利人。他说，京瓷是一家上市公司，个人也有颇为丰厚的资产，但这笔财产并非私有之物，是取自社会之所得，理应奉还于社会。稻盛和夫还在中国各地演讲，介绍自己的经营哲学，并资助有关机构培养中国的经营人才。

三、经营哲学在企业管理中的作用

京瓷哲学是引导京瓷发展至今的经营的哲学，在京瓷公司的经营管理过程中发挥了重要的作用。在实践哲学的过程中持续付出的努力会提高员工的心性、磨炼员工的人格。共享了这种哲学的团队就一定会充满希望和梦想，能够开辟无限光明的未来。

经营哲学在企业管理中的作用，主要体现在：

第一，导向功能。经营哲学的导向功能就是通过它对企业的领导者和职工发挥着价值引导作用，使企业全体成员在经营哲学和价值观领域形成高度统一的思维模式和心智模式，形成完全一致的价值标准。企业员工就是在这一价值标准和观念的牵引与驱动下从事生产经营活动的。

第二，提升功能。经营哲学是企业产生核心文化力的源泉，而企业的核心文化力恰恰是企业提升生产力、提升组织绩效、提高企业核心竞争力的不竭源泉。经营哲学通过修订组织成员的价值标准，改变组织成员的心理假定条件，影响组织成员的心智模式，使经营哲学成为提高企业核心竞争力的关键要素。

第三，凝聚功能。经营哲学以人为本，尊重人的感情，从而在企业中造成了一种团结友爱、相互信任的和睦气氛，强化了团体意识，使企业职工之间形成强大的凝聚力和向心力。经营哲学的柔性特点，恰恰抵消了组织内部制度管理过于刚性的负面影响。同时，企业通过建立伟大的使命，使全体员工为强大而高尚的使命感所驱动，紧密围绕着组织目标而奋斗。

第四，激励功能。组织成员受经营哲学或企业精神的激发与感染，将产生文化觉醒和行为自律，使自我的职业行为更加符合文化的引导、行为的约束和使命感的召唤。经营哲学的激励功能源于组织成员对文化的高度认同和行为自觉，属于自律行为，它与绩效激励或制度激励的他律行为有本质的区别。

第五，稳定功能。经营哲学一经建立，它所具有的连续性、稳定性、持久性就在企业员工内心深处发挥作用，既可以大大减少管理冲突，又可以大大缓和劳资矛盾，降低企业骨干员工的流失，也可以减少企业高层变动带来的影响，对稳定员工队伍有重要的作用。

第四节
经营哲学是企业发展的推动力

经营哲学落地是核心哲学理念，融入企业发展战略规划和战略目标的实现中；把与经营、管理有关的应用类的哲学理念融入企业的一切经营与管理活动、过程中；把个性化的独特理念文化融入全员的工作、任务中；引导和推动企业的健康、良性发展，并让企业的发展成果带上本企业的文化烙印。概括起来就是经营哲学“内化于心，外化于行”的过程。

一切优秀的哲学理念最终均需要体现在促进企业生产经营发展和提高企业核心竞争力上，才具有文化的生命力。而经营哲学只有深深植根于企业内部这一土壤中，真正落地，才能茁壮成长并结出丰硕成果，发挥出经营哲学应有的巨大力量。

经营哲学落地的过程，实质上就是员工对哲学理念认知、认同、承诺并行为化的过程。员工一旦认同了企业的经营哲学，企业就具备了潜在的巨大凝聚力和向心力；一旦员工开始承诺并自觉履行责任，经营哲学就逐渐转化成为有效的组织所需要的执行力和战斗力。

经营哲学如何成为企业成功的推动力？我们从稻盛和夫的经营实践中去寻找答案。

一、以利他之心为判断基准：京瓷公司成功的“推动力”

稻盛和夫认为，用利他之心做出判断，因为是站在“为了他人幸福”的立场，所以，能够获得周围人的帮助，也能拓宽视野，因而就能做出正确的判断。

要想把工作做得更好，就不能只考虑自己，在做判断时应该顾及周围的人，满怀为他人着想的“利他之心”。

稻盛和夫总结这个“利他”的哲学理念，缘于在京瓷公司初创时期发生的劳资斗争，这让稻盛和夫不得不痛定思痛，遂将京瓷公司的经营理念从“让自己的技术发扬光大”改为“在追求全体员工物质和精神两个方面幸福的同时，为人类社会的进步发展做出贡献”。

“让自己的技术发扬光大”这个理念归根结底是利己的；而“追求全体员工物质和精神两个方面的幸福”和“为人类社会的进步发展做出贡献”，指向的是造福员工和社会，而非股东和经营者，从本质上则是利他的。

由此，京瓷公司存在的目的和意义发生了根本性改变，从“利己”变成“利他”，这一经营理念成为京瓷一切经营行为的基础。从稻盛和夫本人到京瓷全体员工，从个人行为到组织行为，乃至整个经营体系，全都服从于“利他”这一哲学理念。

以利他之心为判断基准，成为一切商业活动的起点和终点，成为京瓷公司发展的推动力，把稻盛和夫和京瓷的全体员工从谋求个人私利私欲的桎梏中解放出来，深度调动并极大地释放了个人和组织的“利他之心”，因而产生了巨大的能量。

在稻盛哲学的推动下，京瓷公司从一个缺乏资金、信用、业绩的小街道工厂，逐步成长为一家世界 500 强企业。

二、将经营哲学理念的真谛运用到所有经营行动中

稻盛和夫在创办和经营京瓷公司的过程中，领悟到了“利他自利”这一企业经营理念的真谛，并将其运用到了日后的所有经营行动当中。

稻盛和夫在 52 岁时创办第二电信（KDDI），他在长达半年的时间里，反反复复追问自己：是否动机至善，私心了无？在决定运营区域的谈判过程中，他对竞争对手大幅度让步。正因为他践行了的“利他之心”这一核心理念，后来成功合并了另外两家竞争对手，成立了日本第二大的电信公司。

稻盛和夫由此总结说：“在通信领域，我没有知识、没有技术，一无所有。如果我在这个领域内挥动令旗，取得成功，就能证明利他哲学的威力。仅仅依靠哲学，真的能够成就这么巨大的事业吗？设立 KDDI，用自己的后半生进行挑战，就是为了证明这一点，证明哲学这个唯一的武器的力量。”

三、以稻盛哲学重建日本航空公司

2010 年，日本航空公司宣告破产，稻盛和夫临危受命，着手拯救这家极度官僚化、积重难返的航空公司。

稻盛和夫当时已年近八旬，对航空业一无所知。但他秉持无私的利他精神，义无反顾，全身心地投入重建工作中。仅用了一年，就帮助日航从严重亏损泥潭中挣脱出来，更创造了史上最高的利润，并让日航重新上市。

稻盛和夫说：“日本航空的重建，是我 54 年经营人生的集大成之作。”他总结过日航重建成功的五大原因：确立全新的经营理念；以利他哲学为基础的意识改革；阿米巴经营的导入；共有“为世人、为社会”的思想；领导人无私的姿态。

稻盛和夫对利他哲学身体力行的实践。他率先垂范、身先士卒，唤醒了日航全体员工，在整个企业层面实现了从“利己”到“利他”的巨大转变，让日航这家行将破产的企业，创造了企业经营史上的奇迹。

第五节
经营哲学实践的要义

稻盛哲学是稻盛和夫在经营企业的过程中，不断地对工作以及人生进行自问自答总结出来的，稻盛哲学是通过实践得出的人生哲学。稻盛哲学也在日本航空公司落地实践，帮助日本航空公司成功转型，证明了稻盛和夫所秉持的经营哲学这一思想体系在现代商业社会具备普适性。

经营哲学落地不是脱离了企业管理实践而喊几句空洞的文化口号，更不是在经营哲学落地过程中“扎扎实实走过程，轰轰烈烈走形式”。经营哲学落地实践需要各级管理者在企业日常经营和管理的具体实践中始终以哲学理念为引领，自觉实践，这是管理者应具备的文化自觉和文化信仰；在处理企业的内部冲突和外部竞争时，能时刻坚守经营哲学所倡导的价值标准，用文化来提升绩效，改善管理。

经营哲学落地实践需要回答两个问题：一是“落什么”，即落地的内容，要弄清楚企业应该构建什么样的经营哲学理念体系，既能符合企业管理实际，又能有效支撑企业战略实施；二是“怎么落”，即落地的方法和途径，要想清楚经营哲学如何转化为组织需要的关键行为。

有效的经营哲学落地实践，概括起来主要包括如下要点。

一、高层领导重视，主要领导挂帅

经营哲学落地实践，离不开企业高层领导的高度重视和以身作则的模范带头作用。企业高层领导在经营哲学体系形成的过程中起着至关重要的作用，高层领导的个人思想、领导风格偏好、个性特征、领导行为表率等均会直接影响员工对经营哲学理念的理解和认同，也会影响经营哲学的实践、贯彻和执行效果。

一方面，如果企业高层领导对经营哲学实践做到以身作则、率先垂范的带头示范作用，则经营哲学实践便会上行下效，很快推广开来；另一方面，如果企业高层领导认为经营理念只是让下属去实践的，自己可以例外，严以律人、宽以待己，无视经营哲学实践性的话，即便企业制定了再优秀的经营理念体系，其他管理者也很难发自内心地将经营哲学付诸实践，很难贯彻到基层员工。所以经营哲学的落地实践需要企业高层领导的全程参与。

同时，企业领导要注意言传身教。企业中高层领导的言传身教应基于坚定的文化信仰，基于对经营哲学理念的坚决的实践，不走形式、不摆架子，努力用经营哲学引领和指导经营实践活动，发挥出经营哲学对经营管理的巨大推动作用。

二、强化经营哲学宣贯，达到“内化于心”

经营哲学不是写在纸上、挂在墙上的装饰品，企业经营理念初步成形后，当务之急便是使其“内化于心”。所谓“内化于心”，是指经营哲学获得员工的广泛认同，有文化认同，才会在组织内培养出文化信仰，员工才会去主动实践。而这个“内化于心”的效果，恰恰需要经历一个长期的、连续的、有效的经营哲学宣贯和企业文化传播过程。

让经营哲学内化于心，让组织所倡导的优秀理念落地生根发芽。企业管理者应将经营哲学融入日常的组织管理和业务管理中，在创造绩效的过程中，善于用文化解决管理难题。

经营哲学真正做到“内化于心”，便会在企业内部形成一种强大的、优秀的理念力量，组织的思维模式将会整体地发生转变与提升，从而彰显出经营哲学那巨大的牵引力量。

三、倡导行为文化规范，达到“外化于行”

经营哲学落地实践，就是要将经营哲学的优秀理念融入组织的行为规范，使行为与理念保持高度的一致，使经营哲学“外化于行”。企业“形象”靠行为来展示，靠行动来体现。“行”是“内化于心”的外在表现，是“固化于制”的直接效果。

四、使经营哲学转化为企业发展的推动力

企业文化管理的最终目标不只是形成优秀的经营理念体系，而是运用科学的管理思想和手段，使经营哲学落地常态化、系统化和专业化，使经营哲学发挥最大效用。

企业唯有将经营理念落地纳入系统化、常态化、职能化的管理，才能够保障经营哲学落地，加快经营哲学转化为企业发展的推动力，从而实现以文化来提升管理，在管理提升中创新文化。

五、强调人才对企业经营哲学的认同

企业在招聘的过程中，有些企业家往往相信“优秀的就是合适

的”。在一切都顺利得不可思议的时候，这当然适用，但总会有各种问题跳将出来。还有一种方式是根据公司的文化，招聘最合适的人。

招聘符合并认同经营哲学的员工、招聘到能融入经营哲学的员工是保证公司基业长青的最佳方式。它带来了更高的员工留职率、更好的员工敬业度，并且与公司的联系也更为紧密。这就是所谓的“志同道合”！

每家公司都需要与其核心价值观相契合的员工，这些原则界定了你是一家什么样的公司，也影响着公司的日常商业决策。那些不能拥护公司经营哲学的员工反而会使之弱化，与企业创造自我价值、实现积极进取的核心文化渐行渐远。无论是微软、苹果还是任何其他组织，每家公司的招聘流程都应致力于筛选出最符合公司文化的员工。确保招聘的每一个人都是合适的，因为他们将是传递公司经营哲学的火炬手。

一个再有才能的人，倘若不认同公司的经营哲学，始终都将因为文化冲突给组织带来与公司价值观相背离的严重的负面影响，才能越高，负面影响将越巨大。

总而言之，企业的经营哲学，是被大家认可和接受的组织主流文化，是积极向上的，是优秀的，也是先进的哲学思想。在针对企业中不同对象和群体的特点，采取相应的标准要求和工作方法，把“虚”的哲学理念和价值标志落到实处，清楚地表明企业提倡什么摒弃什么、支持什么反对什么、奖励什么惩戒什么，并通过有效的措施和方法来保障，最终使哲学理念内化于心、外化于行、固化于制，形成企业全体员工普遍接受和共同奉行的思想观念、价值体系、行为规范、制度体制。

衡量经营哲学是否落地的唯一标准，是广大员工是否在自觉实践企业的哲学理念，并自觉遵从企业的行为规范。

案例

松下幸之助独特的经营哲学

松下幸之助是日本松下电器公司创始人，被人称为“经营之神”，他领导松下公司从一家小作坊发展到著名跨国企业，“事业部”“终身雇佣制”“年功序列”等日本企业的管理制度都由他首创。

松下幸之助集70余年经营经验，总结出30条经营秘诀，并以简洁明了的语言概括出来，这些秘诀都是经营者的福音和信条。松下幸之助的经营秘诀中，有三项是最突出的，即玻璃式经营法、水坝式经营法和自来水哲学。他的思想也被称为“松下哲学”。

松下幸之助以一生的事业奋斗经历、优秀的经营管理才能以及世人瞩目的业绩，为自己赢得了无比辉煌的荣誉。

一、玻璃式经营法

所谓“玻璃式经营法”，即要像玻璃那样透明。

松下幸之助的公开性方针包括财务公开、经营方针公开、经营状况公开，一切都和全体员工共同承当。中年的松下幸之助，对这种方针加以总结，命名为“玻璃式经营法”，它被视为松下电器公司的三大主要经营法则之一。

这种经营法则现在已上升到“经营哲学”的高度，而它却起源于松下的创业之初。

松下电器公司成为股份公司以后，更是每年公开结算，不仅对内，也对外向广大社会大众公开。

“玻璃式经营法”更重要的内容，是经营目标和经营实况的公开。关于经营目标，除了每年每月的目标之外，松下幸之助还公布过一个长达250年的远景规划。

经营实况公开的要点，则是“报喜也报忧”，绝不把经营实况掩盖起来。好的时候，把喜讯带给员工，请大家分享成功的欢乐；坏的时候，把问题摆在桌面，依靠大家的力量共渡难关。

“玻璃式经营法”的目的何在？松下幸之助说：“企业的经营者应该采取民主作风，不可以让部下存有依赖上司的心理而盲目服从。”每个人都应以自主的精神，在负责的前提下独立工作。所以，企业家更有义务让公司职员了解经营上的所有实况，只有这样，才能在同事之间激起一股蓬勃的朝气，推动整个业务的发展。

二、水坝式经营法

企业要改革，需要企业家具备相应的意识与思想。对于经营方法，松下幸之助创造性地提出了一种“水坝式经营法”。

水坝式经营法，也就是像水坝那样具有拦阻和储存河川的水，随着季节或气候的变化，经常保持必要的用水量的功能。一旦下大雨，未建水库的河流就会发大水，产生洪涝灾害；而持续日晒，河流就会干涸，水量就会不足。所以，建水库蓄水，使水量不受天气和环境的左右，并始终保持稳定。经营方面也是一样，景气时更要为不景气时做准备，应该保留一定的后备力量。这就是松下幸之助提出的一种企业经营理念，即水坝式经营法。松下把上述建造水库的道理，充分运用在企业经营上。水坝式经营的道理很简单，无非就是把经营中的刚性变为弹性，预留出适应环境变化的余地。

三、自来水哲学

松下幸之助提出了自来水哲学：经营的最终目的不是利益，而只是将寄托在我们肩上的大众的希望通过数字表现出来，完成我们对社会的义务。企业的责任是把大众需要的东西，变得像自来水一样便宜。

松下幸之助特别注意开发新产品，力求比原来的同类产品更实用、更方便，并且把生产的质量作为企业信誉的根本。他专门组织质量管理小组，认真地检测每一个产品的质量。很快松下电器就获得了顾客的称赞，不仅在日本国内深受欢迎，还打入了美国市场。松下一直采用低额利润的经营方式，与消费者共享低成本所获得的利益。

松下幸之助的目标是谋求民众的幸福，这也表现在他对公司员工的态度上。松下公司在物质方面给职工以优厚的待遇：在日本率先采取五天工作制，实行男女工资平等制，工人到35岁就有一套自己的住宅，真正感到幸福。

在松下公司的经营史上，曾有几次危机，但松下幸之助在困难中依然坚守信念，不忘为民众服务的经营思想，使公司的凝聚力和抵御困难的能力大大增强，所以每次都能化险为夷。

自来水哲学的管理意义其实很简单：在为客户提供物美价廉的产品和服务的同时，自己的公司也会得到长足的发展和丰厚的利润回报。使顾客常受益，乃是企业获益的最大源泉。

松下幸之助的成功，不仅在于他是赚钱的好手，是优秀的企业家，也在于他是一个真正的人、伟大的人。他的许多经营理念，实质上是基于他对人和人生的认识。

本章小结

◎ **德鲁克与稻盛和夫的相同点：**

1. 两人都认为企业必须具有使命。德鲁克认为管理者具有三大使命：达成目的，使工作者有成就感，履行社会责任。富有成效的领导者，第一要务可能是重新定义公司的使命。稻盛和夫认为，具备使命感，并让这种使命感为整个团队所共有，是领导者首先必须具备的资质。只有具有了强烈的使命感，才有可能产生创造性的事业和创造性的企业。

2. 两人都认可哲学对企业的推动作用。德鲁克为管理学的发展做出了巨大贡献，他清晰界定管理的使命和地位，提出一整套管理的哲学及艺术。稻盛和夫在经营京瓷公司的过程中，形成了独特的经营哲学。他认为，办企业和做人一样，都应遵循一些伦理原则。

◎ 德鲁克与稻盛和夫的不同点：

两者的哲学内容不同。

德鲁克的管理哲学建立在严格法制规则和清晰价值观的生态环境基础之上。相比稻盛和夫的经营理念，德鲁克的管理哲学更加重视管理规则、管理体系和管理制度的建立和完善。

稻盛哲学是稻盛和夫在经营企业的过程中，不断地对工作以及人生进行自问自答总结出来的，稻盛哲学是通过实践得出的人生哲学。

附录 1　德鲁克的五项管理习惯

第一，善于利用有限的时间。

第二，注重贡献和工作绩效。

第三，善于发挥人之所长。

第四，集中精力于少数主要领域，建立有效的工作秩序。

第五，有效的决策。

附录 2　德鲁克：创新机遇的七个来源

创新机遇来源一：意外事件

它包括意外的成功、意外的失败、意外的外部事件。意外成功的意义在于，它将带领我们走向何方。意外失败往往是创新的征兆，要认真对待。意外的外部事件意味着重大机遇的来临。

创新机遇来源二：不协调的事件

所谓“不协调”指事物的状态与人们假想的状态之间的不一致、不合拍。有产业与经济现状之间的不协调；有产业现状与设想之间的不协调；有产业付出与价值和客户的期望之间的不协调。解决不协调的过程就是创新。

创新机遇来源三：程序需要

基于程序需要的创新，是一种系统上的创新，通常需要完善一个业已存在的程序，替换较为薄弱的环节，用新知识重新设计一个完整的程序，这就是创新。

创新机遇来源四：产业和市场结构变化

当某项产业增长速度明显高于经济或人口的增速，特别是当一段时间内这种增长翻了一番时，可以预测结构将会发生重大变化。当产业结构变化，传统定义市场的方式将变得过时，这就是创新者的机会。

创新机遇来源五：人口变化

人口变化包括人口数量、人口规模、年龄结构、人口组合、就业情况、受教育状况以及收入情况，从这些变化中寻找创新机遇是极其重要的。

创新机遇来源六：认知的变化

如果要利用认知变化进行创新，需要特别关注时机。在认知确实发生变化的前提下，需要及早占领用户心智，如果太晚，市场将拱手让人。

创新机遇来源七：新知识

基于知识的创新，往往是不同知识的融合，且不局限于科学或技术知识。单个知识往往谈不上创新，但将多种不同知识融合，可能创造出大的机遇。

附录 3　稻盛和夫“经营十二条”

第一条　明确事业的目的与意义。

第二条　设定具体目标。

第三条　胸中怀有强烈愿望。

第四条　付出不亚于任何人的努力。

第五条　追求销售最大化和经费最小化。

第六条　定价即经营。

第七条　经营取决于坚强的意志。

第八条　燃烧的斗魂。

第九条　拿出勇气做事。

第十条　不断从事创造性的工作。

第十一条　以关怀坦诚之心待人。

第十二条　抱着梦想和希望，以坦诚之心处世。

附录 4　稻盛和夫“六项精进”

1. 付出不亚于任何人的努力。
2. 要谦虚，不要骄傲。
3. 要每天反省。
4. 活着，就要感谢。
5. 积善行、思利他。
6. 不要有感性的烦恼。